Vrouwen in Islam

Auteur:

Abd Ar-Rahman bin Abd Al-Karim Ash-Sheha

Dit boek behandelt de volgende vragen en kwesties:

- De status van vrouwen door de eeuwen heen: vrouwen in de pre-islamitische Arabische samenleving; Indiase samenleving; Chinese samenleving; Griekse samenleving; Romeinse samenleving; traditionele Joodse samenleving; traditionele christelijke samenleving en de moderne seculiere samenleving.
- Zaken waarin mannen en vrouwen gelijk zijn in de islam: in elementaire aspecten van menselijkheid; in de toepassing van de verplichtingen; in beloningen en straffen in dit wereldse leven en het hiernamaals; in eigendom en de vrijheid van financiële transacties; in het behoud van de eer en nobelheid; in het verplichte onderwijs; en in het dragen van verantwoordelijkheid ten opzichte van de hervorming van de samenleving.
- De status van de vrouw en de rechten in verschillende stadia van het leven in de islamitische samenleving: als een baby, kind en jong meisje; als een zuster; als een vrouw; als een moeder; als bloedverwante en buur en als een vrouw in het algemeen.
- Misvattingen over de rechten en plichten van vrouwen in de islam en hun weerlegging aangaande: polygynie; leiderschap en verantwoordelijkheid; huwelijkscontract en voogdij; discipline als echtgenote; eerwraak; echtscheiding; optreden als getuige; erfenis; bloedgeld; verrichten van arbeid en Hijab (die het hoofd en het gezicht bedekt).

Inhoudsopgave

- Voorwoord van de Vertaler
- Voorwoord
- Introductie
- Eisen aangaande rechten van de vrouw
- Status van vrouwen door de eeuwen heen: Vrouwen in de pre-islamitische samenlevingen en beschavingen
- Rechten van de vrouw in de islam: in het algemeen, als kinderen en dochters, als zusters, als vrouw, als moeder.
    1. Zorg voor vrouwen in het algemeen, en de gelijkheid van mannen en vrouwen in de islam, en hun complementaire natuur richting elkaar
    2. Vrouwen als Kinderen en Dochters
    3. Vrouwen als Echtgenoten
    4. Vrouwen als Moeders
    5. Vrouwen als Verwanten en Buren
    6. Misvattingen over Vrouwen in islam
    7. Polygynie in islam
    8. Recht van Voogdij in het Huwelijkscontract
    9. Financiële en morele verantwoordelijkheden van het Huishouden
    10. Corrigeren van de Echtgenote
    11. Eerwraak
    12. Bevoegdheid tot echtscheiding ligt bij de echtgenoot
    13. Rechten van de vrouw inzake erfenis
    14. Bloedgeld
    15. Getuigenis van Vrouwen
    16. Reizen Zonder een Nauw Verwante Mannelijke Begeleider
    17. Het recht van een vrouw om te werken
    18. Aangaande Hijab (die het hoofd en gezicht bedekt)
- Conclusie

Voorwoord

Alle lof is aan Allah de Verhevene.

Ik geloof dat ik geen nieuwe informatie kan presenteren over de kwesties die verband houden met de rechten van vrouwen en de plaats van de vrouw in de islam. Daarom heb ik geprobeerd om relevante informatie over dit onderwerp te verzamelen, te ordenen en samen te vatten ten behoeve van de lezer. Ik hoop en bid voor leiding van Allah de Verhevene, dat ik succesvol mag zijn in het bereiken van mijn doelen. Het is een groot onrecht om islam te beschuldigen van wangedrag en onderdrukking van vrouwen wanneer er veel uitspraken te vinden zijn in het geopenbaarde boek van Allah, *de Koran*, en in de leer van de Profeet (ﷺ), die deze laster ontkennen en weerleggen. Allah, de Verhevene, zegt:

❮O mensen, Wij hebben jullie uit een man en een vrouw geschapen en Wij hebben jullie tot volkeren en stammen gemaakt opdat jullie elkaar zouden kennen. De voortreffelijkste van jullie is bij Allah de godvrezendste (degene met *Taqwa*). Allah is Alwetend en Alkennend.❯ (49:13)

Allah, de Verhevene, zegt ook:

❮En het behoort tot Zijn Tekenen dat Hij van jullie eigen soort echtgenotes heeft geschapen, opdat jullie rust bij haar vinden en Hij bracht tussen jullie liefde en barmhartigheid. Voorwaar, daarin zijn zeker Tekenen voor een volk dat nadenkt.❯ [30:21]

De Profeet (ﷺ) zei:

"*Voorwaar, vrouwen zijn de tweeling-helften van mannen.*"

[*Abu Dawood #234 , Tirmidhi* #113 & anderen]

Introductie

Verschillende mensen roepen op om vrouwen te bevrijden; bevrijding en gelijke rechten worden gehoord over de hele wereld, en vele slogans zijn bedacht voor de massa. In sommige samenlevingen zijn vrouwen inderdaad onderdrukt geweest, en wreed en onrechtvaardig behandeld, en zijn hen de fundamentele rechten van de mens onthouden. Ook valt het niet te ontkennen dat sommige moslims zijn afgeweken van de islamitische principes en de leer. De Islamitische wet, aan de andere kant, heeft de rechten van vrouwen verzameld in een uitgebreid en evenwichtig systeem van rechten en plichten van de mens. Grondig onderzoek van de slogans gepropageerd door de internationale vrouwenbeweging en bevrijdingsbewegingen laten zien dat ze gaan over drie factoren: de vrouwen emancipatie, gelijke rechten als mannen en vrouwenrechten. We zullen deze factoren onderzoeken in het licht van de islamitische wet en de leer; ongeacht de praktijken van sommige van de onwetende en afwijkende moslims.

Ten eerste, het woord 'bevrijding' geeft aan dat er ketenen, verplichtingen en beperkingen aan de orde zijn, en ten tweede, dat vrouwen worden geknecht en moeten worden bevrijd. Dit is dubbelzinnig en misleidend omdat absolute vrijheid onmogelijk is, ongeacht of het om mannen of vrouwen gaat. De mensheid is van nature beperkt door de aangeboren beperkte capaciteiten en noodzaak van een sociale organisatie. Zowel mannen als vrouwen moeten leven binnen een sociale omgeving met bepaalde wetten, regels en voorschriften die de diverse dagelijkse zaken van het leven organiseren. Betekent dit dat de mens niet vrij en onafhankelijk is in zijn acties, of dat hij geen verantwoordelijkheid draagt voor zijn daden? Kan iedereen vrij zijn van natuurlijke grenzen en juridische beperkingen? Als ze slaven zijn, dan volgt de vraag, van wie? Elke zogenaamde vrijheid heeft natuurlijke en wettelijke grenzen die, indien overschreden, zal leiden tot destructieve activiteiten die we allemaal herkennen als onfatsoenlijk, onbeschaafd en crimineel. Islamitische wetgeving verordend dat zowel mannen als vrouwen streven om vrij te zijn van afgoderij, tirannie, uitbuiting en onrecht. De door God geopenbaarde principes en wetten onderwijzen en pleiten voor streng monotheïsme, rechtvaardigheid en edele moraal. In dit kader hebben mannen en vrouwen van elkaar afhankelijk en aanvullende rollen. Islamitische wetgeving verleende vrouwen het recht om rechtstreeks te handelen in veel zaken binnen de maatschappij, in plaats te handelen via een voogd.

Binnen de islam zijn vrouwen officieel verantwoordelijk en hebben ze de leiding over al hun eigen zaken of het nu economische, sociale of anderszins betreft, zoals in veel samenlevingen. Voor haar bescherming en onderhoud zijn haar vader, broer, oom en echtgenoot - het sterke geslacht - (wettelijk) verplicht om haar eer te bewaken en voor haar in haar levensonderhoud te voorzien en de juiste leefomstandigheden te creëren op basis van hun capaciteiten en gedurende alle stadia van haar leven. Is dit vernederend aan haar positie, of verheffend? Islam verbiedt zowel mannen en vrouwen om zich in het openbaar onfatsoenlijk te gedragen en dit vertaalt zich, om natuurlijke redenen, op verschillende wijze voor de twee geslachten. Allen moeten hun deugdelijkheid in de privésfeer beschermen en zichzelf bewaken in het openbaar. Islamitische wetgeving beschermt vrouwen tegen intimidatie en dit vereist dat geen van beide geslachten daden plegen die seksueel provocerend of verleidelijk zijn voor het andere geslacht. Om deze reden vraagt de islamitische wetgeving ter bescherming van de vrouw, dat zij zich ingetogen kleedt bij het verlaten van de woning en verbiedt het openlijke vrije vermenging en elke vorm van fysieke aanraking met het andere geslacht.

De islam illustreert het concept van vrijheid op zodanige wijze dat het individuele gedrag niet schadelijk mag zijn voor het individu of destructief voor de samenleving in het algemeen, zoals grafisch weergegeven in de woorden van de Boodschapper van Allah (ﷺ) toen hij zei in een authentieke overlevering:

"De situatie van de mens die de grenzen van God overschrijdt en degene die binnen die grenzen blijft lijkt op het volgende: Een groep mensen trekken onder elkaar lootjes en gaan op een schip. Na de trekking van de lootjes moeten sommigen naar het bovenste dek en sommigen naar het onderste dek. Als de mensen op het onderste dek water nodig hadden gingen ze naar boven en vroegen aan de mensen boven om water. Op een gegeven moment zeiden ze: Als we nou een gaatje maken in het deel van het schip dat ons ten deel gevallen is dan hoeven we ook niet de mensen boven lastig te vallen. Indien de mensen boven, de mensen in het onderste dek laten gaan en zich niet bemoeien met wat ze doen dan zullen ze met zijn allen vergaan. Maar als ze hen stoppen en ervan weerhouden dan zullen ze zichzelf en de anderen redden van een ondergang." [Bukhari #2361 & anderen]

De bekende Duitse denker en filosoof **Schopenhauer** zei:

"Verleen vrouwen totale en absolute vrijheid VOOR SLECHTS ÉÉN JAAR, en neem contact op met mij na die tijd zodat ik de resultaten kan zien van een dergelijke vrijheid. Vergeet niet dat jullie (allen), samen met mij, deugden, kuisheid en goede zeden zullen erven. Als ik sterf (voor die tijd) bent u vrij om te zeggen: "Hij had het mis!" of "Hij raakte de kern van de waarheid!"

Een Amerikaanse vrouwelijke reporter, **Helesian Stansberry**, die wordt geciteerd in meer dan 250 kranten, werkte in de journalistieke wereld en omroep voor meer dan 20 jaar, en bezocht tal van islamitische landen en zij had dit te zeggen aan het eind van één van haar bezoeken aan een islamitisch land:

"De Arabische-islamitische samenleving is gezond en gedijt. Deze samenleving moet haar tradities beschermen die zowel mannen en vrouwen tot op redelijke hoogte beperkingen oplegt. Deze maatschappij verschilt zeker van de Europese en Amerikaanse samenlevingen. De Arabisch-islamitische samenleving heeft zijn eigen tradities die bepaalde beperkingen en begrenzingen oplegt aan vrouwen en het geeft speciaal respect en status aan de ouders... Eerst en vooral, is de meest strikte beperking die van de beperkingen op absolute seksuele vrijheid die waarlijk een bedreiging vormt voor de maatschappij en het gezin in Europa en de Verenigde Staten van Amerika. Daarom zijn de beperkingen die worden opgelegd door de Arabisch-islamitische samenleving geldig en nuttig. Ik raad u sterk aan dat u zich houdt aan uw tradities en ethische code. Verbied het gemengd onderwijs. Beperk vrouwelijke vrijheid, of liever, keer terug naar de volledige 'purdah' (hijab/scheiding tussen mannen en vrouwen) praktijken. Waarlijk dit is beter voor u dan de seksuele vrijheid van Europa en de Verenigde Staten van Amerika. Verbied het gemengd onderwijs, want wij hebben hieronder geleden in de Verenigde Staten. De Amerikaanse samenleving is geavanceerder geworden, vol van alle vormen en soorten van seksuele vrijheid. De slachtoffers van seksuele vrijheid

en gemengd onderwijs vullen de gevangenissen, trottoirs, bars, cafés en bordelen. De (valse) vrijheid die we aan onze jonge vrouwen en dochters hebben verleend heeft hen aangezet tot drugs, criminaliteit en witte slavernij. Gemengd onderwijs, seksuele vrijheid en alle andere vormen van "vrijheid" in de Europese en Amerikaanse maatschappijen, hebben de familie bedreigd en de morele waarden en ethiek door elkaar geschud."

De vraag die zich we kunnen stellen aan de voorstanders van vrouwenemancipatie is: Wat is het echt de beste, meest gunstige en meest beschermende systeem voor het behoud van de eer, waardigheid en bescherming van vrouwen?

Eis voor Vrouwenrechten

Vrouwen in de wereld vragen om gelijke rechten. Er is geen systeem van wetten, die de echte rechten van de vrouw bewaart, onderhoudt en beschermt zoals de islamitische wet dat doet, noch in het verleden noch in de moderne tijd. Dit zal in de volgende hoofdstukken van het boek worden geverifieerd en onderbouwd.

Sir Hamilton, de bekende Engels denker en filosoof, verklaarde in zijn boek over *Islam en de Arabische Beschaving*:

"De regels, voorschriften en uitspraken met betrekking tot vrouwen in de Islam zijn duidelijk, eerlijk en open. Islam speelt in op de volledige zorg die moet worden besteed aan de bescherming van een vrouw tegen alles wat haar persoonlijk zou kunnen schaden, of ervoor kan zorgen dat slechte zeden aan haar reputatie of karakter worden toegeschreven."

Gustave Le Bon, de bekende Franse denker verklaarde in zijn boek *"De Arabische beschaving"*:

"Islamitische deugdzame daden zijn niet beperkt tot het eren en respecteren van vrouwen, maar eerder, kunnen we toevoegen dat de islam de eerste religie is die vrouwen eert en respecteert. We kunnen dit gemakkelijk bewijzen door te laten zien dat alle religies en naties, voorafgaand aan de komst van de islam, veel schade en hoon toebracht aan vrouwen." [p.488]

Hij wijst er ook op:

"De huwelijksvermogensrechten die worden vermeld en geïllustreerd in de Glorieuze Koran en door de tolken van de betekenissen van de Glorieuze Koran worden geduid, zijn veel beter dan het Europese huwelijksvermogensrecht voor zowel de man als de vrouw." [p.497]

Meer dan veertienhonderd jaar geleden, begon islam zich te verspreiden naar de bekende wereld van *Mekka*, en vervolgens *Medina*, waar de profeet van Allah, Mohammed bin Abd

Allah (ﷻ) zijn boodschap vertelde. Islam verspreidde zijn licht door middel van de leer van de geopenbaarde geschriften van het Glorieuze Boek van Allah, de Koran en de geïnspireerde overleveringen van de *Sunnah* (Weg) van de Profeet (ﷺ), die de onbetwiste basis zijn van de islamitische wetgeving. De islamitische leer en het systeem van de wetgeving had een diepgaande invloed op het leven van de volgelingen van de islam, en dus is dit effect van invloed op de samenlevingen in de landen waar moslims heen reisden en zich vestigden. Islam verspreidde zich zeer snel en op verbazingwekkende wijze in de bekende wereld en liet een uitgebreid systeem na om in het leven van ieder mens in iedere behoefte te voorzien. De islam is niet in tegenspraak of in botsing met de wettige, gezonde en zinvolle eisen van het bestaan van de mens, die essentieel zijn voor zijn continuïteit in het leven en wijst deze eisen ook niet af.

Om de veranderingen die de islam bracht voor vrouwen te begrijpen, moeten we kort ingaan op de positie van de vrouw voorafgaand aan de komst van de islam in de Arabische samenleving en andere beschavingen in de wereld.

Status van vrouwen door de eeuwen heen:

Vrouwen in de pre-islamitische samenlevingen en beschavingen

Vrouwen werd groot onrecht aangedaan ten tijde van de heidense Arabische samenleving en ze werden blootgesteld aan diverse vormen van vernedering voorafgaand aan de missie van de Boodschapper van Allah (ﷺ). Ze werden behandeld als materiële bezitting, waar een mannelijke voogd mee kon doen wat hij wilde afhankelijk van zijn grillen. Ze hadden geen recht om te erven van hun ouders of echtgenoten. Arabieren geloofden dat een erfenis alleen kon worden verleend aan hen die bepaalde gevechtsvaardigheden bezaten, zoals de mogelijkheid om een paard te rijden, te vechten, oorlogsbuit te kunnen opeisen en te kunnen helpen om de stam en clan territorium te beschermen. Aangezien vrouwen in de heidense Arabische samenleving over het algemeen niet beschikten over deze kwaliteiten, was zij zelf onderdeel van de erfenis en werd zij beschouwd als alle andere roerende goederen bij de dood van een man die schulden achterliet. Indien de overleden man volwassen zonen had uit andere huwelijken, had de oudste zoon onder hen het recht om haar toe te voegen aan zijn huishouden, net als een zoon andere roerende zaken van zijn overleden vader erft. Ze was niet in staat om het huis van haar stiefzoon te verlaten, tenzij zij losgeld betaalde.

Over het algemeen, hadden mannen de vrijheid om zo veel vrouwen te verwerven als ze wensten en daar was geen maximale grens aan. Er was geen systeem van recht en rechtvaardigheid, waarbij een man het verbod kreeg opgelegd om zijn vrouwen onrecht aan te doen. Vrouwen hadden geen recht om te kiezen, of zelfs instemmen als ze werden gekozen als partner voor het huwelijk; ze werden simpelweg gewoon weggegeven. Het was voor vrouwen verboden om te hertrouwen als een man van hen scheidde.

In het pre-islamitische tijdperk van Arabië, werden mannen over het algemeen zeer boos en beschaamd bij de geboorte van een vrouwelijk kind in hun gezin. Sommigen vonden het een slecht voorteken. Allah, de Verhevene, beschrijft de ontvangst van het nieuws over de geboorte van een dochter van de vader:

❨**Hij verbergt zich voor de mensen wegens het slechte nieuws** (van de geboorte van een dochter) **wat hij kreeg! Zal hij het in weerwil van de schande behouden of zal hij het in de grond verstoppen? Weet: slecht is het waar zij over oordelen!**❩ [16:59]

Vrouwen waren zelfs niet in staat om een aantal van de meest natuurlijke van rechten uit te oefenen. Bijvoorbeeld het eten van bepaalde soorten voedsel was alleen toegestaan voor mannen. Allah, de Verhevene, legt dit vast in de Glorieuze Qur'an:

❰En zij zeiden: "Wat zich in de buiken van dit vee bevindt (melk of foetus) is voorbehouden aan onze mannen en verboden voor onze vrouwen." En wanneer het doodgeboren is, dan zijn zij (de mannen en de vrouwen) en deelgenoten in...❱ [6:139]

De haat richting vrouwelijke baby's maakte dat de Arabieren ze levend begroeven. Allah, de Verhevene, zegt in de Glorieuze Koran met betrekking tot de Dag der Opstanding:

❰En wanneer er over het gedode kind (verantwoording) zal worden gevraagd Voor welke misdaad het gedood werd.❱ [81:8-9]

Sommige vaders hadden de gewoonte om hun vrouwelijke kinderen levend te begraven als het kind melaats of kreupel was of een geboorteafwijking had. Allah (ﷺ) zegt in de Glorieuze Qur'an:

❰Doodt jullie kinderen niet uit vrees voor armoede: Wij voorzien hun en jullie van levensonderhoud. Voorwaar, hen doden is een grote zonde.❱ [17:31]

De enige eer die vrouwen werd gegund tijdens de pre-islamitische tijd, was de bescherming van haar als persoon, haar familie en stam, en de wraak tegen iedereen die haar vernederde en onteerde, maar zelfs dit had meer te maken met mannelijke trots, waardigheid en de eer van de stam, dan dat het werd gedaan uit zorgzaamheid voor het vrouwelijk geslacht.

Deze situatie van de vrouw in de Arabische samenleving leidde ertoe dat Umar ibn al-Khattab, de tweede kalief van de moslims (ﷺ) er het volgende over zei, zoals gerapporteerd door Muslim:

"Bij Allah, we dachten niet dat vrouwen iets hadden totdat Allah over hen openbaarde wat Hij openbaarde in de Koran, en Hij onder hen verdeelde wat Hij verdeelde...."

[Bukhari #4629 & Muslim #31]

Vrouwen in Indiase Samenleving

In de Indiase samenleving werden vrouwen over het algemeen behandeld als dienstmeisjes of slaven, alsof ze geen eigen wil of wensen hadden. Ze moesten hun man volgen in alle zaken. Vrouwen werden gezien als betaling als men bij het gokken verloor van een tegenstander. Om hun toewijding te tonen, werden zij gedwongen om zich in het leven te laten verbranden door op de brandstapel te springen van hun overleden man. Deze praktijk, genaamd "*sutti*" werd gepraktiseerd tot het einde van de 17e eeuw, toen deze gewoonte werd verboden ondanks het ongenoegen dat het veroorzaakte bij de hindoeïstische religieuze leiders. Hoewel officieel verboden, werd *sutti* op grote schaal toegepast tot het einde van de 19e eeuw en wordt het ook nu nog steeds in sommige afgelegen gebieden van India uitgeoefend. In bepaalde regio's van India worden vrouwen aangeboden aan de priesters als concubines, of als prostituees om door hen te worden uitgebuit. In andere regio's werden ze geofferd aan de Hindoe-goden om hen te behagen of om te vragen om regen. Sommige Hindoeïstische wetten verklaren zelfs dat:

"Het voorbestemde geduld, de waaiende wind of tornado's, de dood, het hellevuur, gif, slangen en vuur zijn niet minder kwaad dan vrouwen".

Het wordt ook vermeld in Hindoeïstische religieuze boeken, dat,

"Toen *Manna* [de hindoeïstische god van de schepping] vrouwen schiep, hij in hen de liefde oplegde om te houden van bed, stoelen, decoratie [make-up], smerige lust (alle typen en soorten), woede, opstand tegen de eer en waardigheid en duivelse houding en gedrag. " In de leer van **Manna Herma Sistra** met betrekking tot vrouwen, kan men lezen:

"Een vrouw kan leven zonder keuze te hebben, ongeacht of ze een klein meisje, een jonge dame of een volwassen vrouw is. Een jong meisje is onderwerpen aan de keuze van haar vader. Een getrouwde vrouw is onderworpen aan de keuze van haar man. Een weduwe is onderworpen aan de keuze van haar mannelijke kinderen, en ze mag nooit onafhankelijk worden (na de dood van haar man). Een weduwe mag nooit hertrouwen na de dood van haar man, in plaats daarvan moet ze alles wat zij graag wil als het gaat om voedsel, kleding en make-up verwaarlozen tot ze sterft. Een vrouw mag geen eigenaar zijn van iets of iets bezitten, alles wat ze kunnen winnen of verwerven zal rechtstreeks en onmiddellijk eigendom worden haar man. "

In sommige uitzonderlijke gevallen had een vrouw meerdere mannen tegelijk.[1] Er is geen twijfel mogelijk dat dit haar bestempelde tot een prostituee binnen de samenleving.

Vrouwen in de Chinese samenleving

Vrouwen in de Chinese samenleving bezetten een lage en gedegradeerde status. Ze kregen gewoonlijk de meest verachte en minst belangrijke banen en functies toegewezen. Het mannelijk kind werd gezien als een "geschenk" van de goden, en dienovereenkomstig behandeld. Wat betreft het vrouwelijk kind, zij moest meerdere ontberingen doorstaan, zoals het inbinden van haar voeten om haar op deze wijze te verlammen zodat ze niet kon wegrennen en andere gewoonten. Een Chinees spreekwoord zegt:

"Luister naar je vrouw, maar geloof nooit iets van wat ze zegt."

De status van de vrouwen in de Chinese samenleving was niet veel beter dan die van de heidense pre-islamitische Arabische tijd en de Indiase samenleving.

Vrouwen in de Griekse samenleving

---

[1] Verwijst naar 'Hindu Inter-caste Marriage in India", Hoofdstuk 3 [Soorten huwelijken] deel 2 [Polyandrie], door Haripada Chakraborti.

Bij de Grieken, werden vrouwen dusdanig gedegradeerd dat de mensen beweerden dat vrouwen niets anders waren dan de belichaming van het kwaad. Er was geen systeem om vrouwen in die samenleving te beschermen. Ze werden beroofd van het recht op onderwijs; gekocht en verkocht net als elke andere grondstof; beroofd van het erfrecht en beschouwd als minderjarigen zonder rechten om transacties te doen met betrekking tot bezittingen en rijkdom. Vrouwen werden onderworpen aan de wil van de mannen gedurende hun hele leven. Echtscheiding was een absoluut recht van mannen. Deze algemene situatie van vrouwen in de samenleving heeft sommige Griekse denkers aangezet om te zeggen:

"Het benoemen van (praten over) de vrouw moet worden beperkt tot het huis, net als het lichaam van de vrouw."

Gustave Le Bon, een Franse denker, zei met betrekking tot de status van de vrouw in de Griekse samenleving in zijn boek "*Arabische Samenleving*":

"Grieken beschouwen over het algemeen vrouwen als laagste dieren in de rangorde. Ze waren nuttig voor niets anders dan voortplanting en het verzorgen van de huishoudelijke zaken. Als een vrouw bevalt van een 'lelijk, achterlijk of gehandicapt' kind, kon de man de vrijheid nemen om het (ongewenst of ongewild) kind te doden."

Demosthenes, de welbekende Griekse redenaar en denker zei:

"Wij Griekse mannen genieten van het gezelschap van prostituees vanwege het seksueel genot; 'vriendinnen' en 'liefjes' zijn er om te zorgen voor onze dagelijkse behoeften, en we trouwen om 'legitiem' kinderen te krijgen."

Door deze losbandige dubbele standaard en verdorven moraal, kunnen we zien wat voor 'waarde' vrouwen hadden in een dergelijke samenleving, beredeneerd door één van hun vooraanstaande bekende denkers.

Vrouwen in de Romeinse samenleving

Een vrouw in de Romeinse samenleving werd ook gezien als een inferieur wezen dat niet in staat was om haar eigen zaken te regelen. Alle macht was in handen van mannen die alle private en publieke zaken domineerde. Men had zelfs de bevoegdheid om hun echtgenote ter dood te veroordelen in bepaalde gevallen wanneer zij werd beschuldigd van het plegen van specifieke misdaden. Het gezag van de man over de vrouw in de Romeinse samenleving omvatte het recht om haar te verkopen, haar te straffen met martelwerktuigen, haar te verbannen of haar te doden. De vrouw in de Romeinse samenleving moest luisteren naar haar man en hem gehoorzamen bij alle commando's die hij gaf en wat hij van haar eiste. En vrouwen werden zelfs beroofd van het erfrecht.

Vrouwen in de Joodse samenleving

Vrouwen in traditionele Joodse samenleving waren niet veel beter af dan de eerder beschreven vrouwen. In het Oude Testament werden vrouwen als volgt omschreven:

> "Ik keerde mij om, en mijn hart, om te weten, en om na te sporen, en te zoeken wijsheid en een sluitrede; en om te weten de goddeloosheid der zotheid, en de dwaasheid der onzinnigheden.: En ik vond een bitterder ding, dan de dood: een vrouw, welker hart netten en garen, en haar handen banden zijn... "[Prediker (7: 25-26)]

In de Septuagint, wordt gezegd,

> "Wanneer nu iemand zijn dochter zal verkocht hebben tot een dienstmaagd, zo zal zij niet uitgaan, gelijk de knechten uitgaan. Indien zij kwalijk bevalt in de ogen haars heren, dat hij haar niet ondertrouwd heeft, zo zal hij haar doen lossen; aan een vreemd volk haar te verkopen zal hij niet vermogen, dewijl hij trouweloos met haar gehandeld heeft. Maar indien hij haar aan zijn zoon ondertrouwt, zo zal hij met haar doen naar het recht der dochters. Indien hij voor zich een andere neemt, zo zal hij aan deze haar spijs, haar deksel, en haar huwelijksplicht niet onttrekken. En indien hij haar deze drie dingen niet doet, zo zal zij om niet uitgaan, zonder geld." [Exodus (21:7-11)]

Dus, als een joodse vrouw trouwde, dan werd haar voogdij overgedragen van haar vader aan haar man en ze werd een van zijn bezittingen, zoals zijn huis, zijn slaaf, zijn dienstmaagd of zijn geld of rijkdom.

De Joodse leer en wetten berooft het meisje van de erfenis van haar vader als de vader andere, mannelijke kinderen had. In het Oude Testament, zegt de Septuaginta:

> "En tot de kinderen Israëls zult gij spreken, zeggende: Wanneer iemand sterft, en geen zoon heeft, zo zult gij zijn erfenis op zijn dochter doen komen." [Numeri (27:8)]

Bovendien sliepen Joodse mannen nooit in hetzelfde bed met een menstruerende vrouw, ook aten of dronken zij niet met haar. Joodse mannen hadden de gewoonte om zich volledig af te zonderen van een menstruerende vrouw, tot ze volledig vrij van haar menstruatie was.

Vrouwen in de christelijke samenleving

Christelijke priesters gingen tot het uiterste om aan te tonen dat de vrouw de oorzaak van de 'erfzonde' is en de bron van alle rampen van waaruit de hele wereld heeft geleden. Om deze reden is de fysieke relatie tussen man en vrouw van oudsher aangeduid als "walgelijk" of "vuil" zelfs als het officieel werd gedaan en beleefd met een wettig huwelijkscontract.

Sint Trotolian zegt:

"De vrouw is Satans weg naar het hart van een man. De vrouw duwt man richting de "Vervloekte Boom". Vrouwen overtreden Gods wetten en verstoren zijn beeld (foto d.w.z. het beeld van de mens)."

Wieth Knudesen, een Deense schrijver, illustreerde de status van de vrouw in de middeleeuwen door te zeggen:

"Volgens het katholieke geloof, waarin de vrouw als een tweederangs burger wordt beschouwd, wordt er zeer weinig zorg en aandacht aan haar gegeven."

In 1586 werd een conferentie gehouden in Frankrijk om te beslissen of vrouwen moeten worden beschouwd als menselijke wezens of niet. De conferentie kwam tot de conclusie:

"De vrouw is een mens, maar ze is gemaakt om de man te dienen."

Dus de conferentie keurde het recht van de vrouw om te worden beschouwd als een menselijke wezen goed, een kwestie die eerder in twijfel was getrokken en onbeslist! Bovendien, degenen die de conferentie bijwoonden namen geen beslissing over de volledige rechten voor de vrouw, maar eerder; ze was een volgeling van de man en een dienstmaagd van hem zonder persoonlijke rechten. Deze beslissing was van kracht tot 1938, toen, voor het eerst, een decreet werd uitgevaardigd om alle wetten af te schaffen die een vrouw verbieden om zelf haar eigen financiële zaken te regelen en een bankrekening te openen in haar eigen naam.

Europeanen bleven vrouwen discrimineren en hen beroven van hun rechten in de Middeleeuwen. Het is ook verrassend om te weten dat de Engelse wetgeving een oogje dicht kneep als het ging om het verkopen van je vrouw! De kloof tussen de seksen, mannen en vrouwen, bleef groot, zozeer zelfs dat vrouwen op een gegeven moment volledig onder de controle van de mannen vielen. Vrouwen werden volledig ontdaan van al hun rechten over hun bezit. Al het bezit van een vrouw behoorde toe aan haar man. Tot voor kort bijvoorbeeld werden vrouwen, volgens de Franse wetgeving, niet beschouwd als zijnde in staat om hun eigen financiële beslissingen te nemen aangaande hun privé-eigendommen. We kunnen dit lezen *in het artikel 217 van de Franse wet* die stelt:

"Een getrouwde vrouw heeft niet het recht te verlenen, over te dragen, obligatie te kopen, eigendommen te hebben met of zonder betaling, zonder de deelname van haar man in de koopovereenkomst, of zijn schriftelijke toestemming, ongeacht of in het huwelijkscontract is bedongen dat er een volledige scheiding moet zijn tussen bezittingen en eigendommen van de man en de vrouw."

Ondanks alle aanpassingen en wijzigingen van deze Franse wetten, kunnen we nog steeds zien wat voor effect deze wetten hebben op getrouwde Franse vrouwen. Het is een vorm van beschaafde slavernij.

Bovendien, een getrouwde vrouw verliest haar achternaam (familienaam) zodra ze een huwelijkscontract aangaat. Een getrouwde vrouw zal de familienaam van haar man dragen. Dit geeft natuurlijk aan dat een getrouwde vrouw slechts een volgeling van haar man zal zijn en dat ze zelfs haar eigen identiteit zal verliezen.

Bernard Shaw, de bekende Engelse schrijver zegt:

"Op het moment dat een vrouw trouwt, worden al haar persoonlijke bezittingen eigendom van haar man in overeenstemming met het Engels recht."

Tot slot is er nog een onrechtvaardigheid die is opgelegd aan de vrouw in de westerse samenleving en dat is dat een huwelijk voor eeuwig is, in overeenstemming met de wettelijke en religieuze leerstellingen. Er bestaat geen recht op echtscheiding (volgens het katholicisme, tenminste). Man en vrouw zijn slechts fysiek van elkaar gescheiden. Deze scheiding kan hebben bijgedragen tot allerlei vormen van sociaal verval en corruptie, zoals het hebben van affaires, minnaressen, vrienden, vriendinnen, en mogelijk ook prostitutie, en homoseksuele en lesbische relaties. Bovendien wordt een overlevende weduwe niet de kans gegeven om te hertrouwen en een normaal huwelijks leven te leiden na de dood van haar man.

Er is geen twijfel over, dat hetgeen wat wij verstaan onder de moderne westerse beschaving, die ernaar streeft de wereld te domineren, haar wettelijke grondslag verleent aan de Griekse en Romeinse tradities, en de joodse-christelijke tradities voor zijn ideologische en religieuze grondslag. Bovengenoemde misstanden hebben, als gevolg van geleidelijke en voortdurende effecten van technologische en sociale modernisering, gezamenlijk geleid tot de verwachte en natuurlijke reactie: bewegingen die de rechten voor vrouwen eisen in de samenleving, onder leiding van denkers, opvoeders, lobbyisten, en mensen- en 'vrouwenrechten activisten'. De slinger werd ingesteld om de andere richting op te slingeren, en eiste absolute gelijke rechten en bevrijding van mannelijk chauvinisme en misbruik.

In veel van de moderne seculiere samenlevingen hebben vrouwen inderdaad tal van gelijke rechten gekregen, maar op hetzelfde moment werden ze bij deze gelijkheid blootgesteld aan de intimidatie en dubbele standaarden die ongebreideld heersen in de immorele materialistische cultuur die haar 'vermarkt' als een object van seksuele begeerte; te koop, te contracteren of te huur. De daaropvolgende afbraak van het gezin en de wijdverspreide seksuele immoraliteit, abortus, homoseksualiteit, en criminele afwijkingen van de seksuele bevrijding, heeft tot een tegenreactie geleid in de samenleving, vooral van de religieuze conservatieven, maar blijkbaar zijn de trends te sterk om het tij te keren.

Binnen deze mondiale context en de historische erfenis, zullen we de meest opvallende kenmerken van de rechten van vrouwen in de islam presenteren en een licht werpen op een aantal veel voorkomende misvattingen om zo de superioriteit te tonen van het volgen van Allah's leiding, in plaats van dat mannen en vrouwen elkaar leiden, geleid door hun eigen grillen en verlangens.

Rechten van de vrouw in de islam:

in het algemeen; als kinderen en dochters; zusters; echtgenotes; moeders, en als familielid en buur

Islam gaat op een veelomvattende manier in op de vrouw in het kader van haar relatie met Allah, haar Schepper en Heer, met zichzelf als onderdeel van de mensheid, en met de mens, haar partner en natuurlijke echtgenoot in het gezin. Houdt tijdens de presentatie hieronder, rekening met de rechten die andere samenlevingen hen verleent in vergelijking met de rechten die de islam toekent aan vrouwen. Het is opmerkelijk dat de islamitische leer attent is jegens de behoeften en rechten van het zwakkere geslacht door haar leven heen: als een dochter, zus, vrouw, moeder en als lid van de islamitische samenleving.

Gelijkheid van mannen en vrouwen in islam, en hun complementaire natuur naar elkaar

Aan de ene kant is gelijkwaardigheid tussen mannen en vrouwen mogelijk en billijk omdat ze beiden mensen zijn, met gelijke zielen, hersenen, hart, longen, ledematen, enz. Aan de andere kant is gelijkheid tussen mannen en vrouwen onmogelijk en absurd als gevolg van hun natuurlijke verschillen in fysieke, mentale, emotionele en psychologische kwaliteiten, neigingen en capaciteiten. Wij moeten tussen deze twee kanten lopen om een licht te werpen op hoe ze gelijk zijn aan elkaar en hoe ze complementair zijn aan elkaar.

Als de totale gelijkheid tussen leden van hetzelfde geslacht onmogelijk is, vanwege de natuurlijke verschillen in sterktes en andere kwaliteiten, ongeacht of het geslacht mannelijk of vrouwelijk is, dan is het absoluut onmogelijk dat er gelijkheid kan bestaan tussen de twee geslachten. Allah, de Verhevene en de Almachtige, zegt in de Glorieuze Qur'an:

❮**En Wij hebben alles in paren geschapen opdat u er lering uit moogt trekken.**❯ [51:49]

Zelfs atomen vertonen deze dubbele kwaliteit waarbij ze met elkaar verbonden zijn en een complementaire rol spelen door de positieve en negatieve deeltjes en ionen, maar elke maakt ook een integraal onderdeel uit van het hele systeem van de zogenaamde binaire basis van alle leven. De meeste levende wezens hebben mannelijke en vrouwelijke geslachten voor de voortplanting. Zoals de biologische wetenschap ons leert, hebben alle zoogdieren vergelijkbare eigenschappen in hun moleculaire en glandulaire structuren die verschillen in sekse bepalen. Deze fysische, psychische en seksuele kenmerken hebben hun duidelijke effecten op andere terreinen van het leven.

Het is natuurlijk voor een man om de behoefte te hebben aan en voldoening te vinden met een vrouw en voor een vrouw met een man, omdat ze zijn gemaakt van elkaar en voor elkaar. Beiden zijn onlosmakelijk met elkaar verbonden. Evenmin kunnen zij vervulling vinden, tenzij ze in het gezelschap van de ander zijn in juridische en eervolle zin, partner en echtgenoot, zoals Allah (ﷻ) zegt in Zijn Majestueuze Boek, de Koran, in de verzen die al in werden aangehaald in het voorwoord:

❰O mensen, Wij hebben jullie uit een man en een vrouw geschapen en Wij hebben jullie tot volkeren en stammen gemaakt opdat jullie elkaar zouden kennen. De voortreffelijkste van jullie is bij Allah de godvrezendste (degene met *Taqwa*). Allah is Alwetend en Alkennend.❱ [49:13]

In veel gevallen behandelt de islam vrouwen als gelijken aan de mannen. Sommigen van hen worden hieronder opgesomd. In de komende paragrafen zullen we dieper ingaan op deze thema's, in verschillende contexten die door het hele boek heenlopen.

1) Zowel de mannelijke als de vrouwelijke zijn gelijk in termen van hun menselijkheid. Islam categoriseert vrouwen bijvoorbeeld niet als de bron van het kwaad in de wereld vanwege een zogenaamde "erfzonde" die er voor zorgde dat Adam (ﷺ) uit het Paradijs werd verdreven, of als oorzaak van het kwaad in de wereld te zijn door een doos van Pandorra te openen vol met ondeugden, zoals sommige andere religieuze doctrines en fabels onderwijzen.

Allah, de Verhevene en de Almachtige, zegt in de Glorieuze Koran:

❰O mens, vreest jullie Heer die jullie schiep uit één enkele ziel (Adam) daaruit zijn echtgenote (Eva) schiep en uit hen beiden vele mannen en vrouwen deed voortkomen...❱ [4:1]

Allah zegt ook in de Glorieuze Koran:

❰Denkt de mens dat hij zonder doel zal worden gelaten? Was hij niet een kleine levenskiem die werd uitgestort? Dan werd hij een klonter bloed daarna schiep en vervolmaakte Hij hem. Daarvan (de kiem) maakt Hij een paar, man en vrouw. Is Hij dan niet bij machte de doden te doen herleven?❱ [75:36-40]

Allah illustreert in de verzen dat Hij beide geslachten schiep uit één enkele bron. Er is geen verschil tussen de twee geslachten in termen van kwalificaties in mensheid, en beide vullen elkaar aan, als de twee geslachten van dezelfde soort. Islam heeft alle voorgaande onrechtvaardige wetten afgeschaft en ingetrokken die vrouwen degradeerde als minderwaardig in kwaliteiten en natuur. De Profeet van Allah (ﷺ) zei:

"Waarlijk, vrouwen zijn de tweeling-helften van mannen."

[*Abu Dawood #234*, *Tirmidhi* #113 & anderen]

2) Er worden gelijke religieuze plichten en rituelen vereist van zowel vrouwen als mannen. Getuigenis van het geloof (*Shahaadah*), Gebed (*Salah*), Verplichte Liefdadigheid (*Zakah*),

Vasten (*Saum*), en de bedevaart (*Hadj*) zijn nodig voor beide geslachten. In sommige gevallen zijn de regels een beetje makkelijker voor vrouwen, om zo hun specifieke gevallen van ontberingen te verlichten. Bijvoorbeeld, de inachtneming van haar gezondheid en lichamelijke conditie voor menstruerende vrouwen of een vrouw in de staat van postnatale bloedingen en herstel na een bevalling; zij zijn dan ontheven van de plicht van gebeden en vasten. Ze dient de dagen van vasten die ze gemist heeft vanwege menstruatie of postnatale bloedingen in te halen, maar niet haar gebeden, aangezien dit te belastend zou zijn.

3) Zowel mannen als vrouwen krijgen soortgelijke beloningen voor gehoorzaamheid en straffen voor ongehoorzaamheid in deze wereld en in het Hiernamaals. Zoals Allah zegt in de Glorieuze Koran:

❮**Wie het goede doet, man of vrouw, en hij gelooft: voorwaar, aan hem geven Wij een goed leven. En Wij zullen hen zeker belonen met hun beloning, volgens het beste van wat zij plachten te doen.**❯ [16:97]

En de Meest Majestueuze Heer zegt:

❮**Voorwaar, de mannen die zich hebben overgegeven (aan Allah) en de vrouwen die zich hebben overgegeven, en de gelovige mannen en de gelovige vrouwen, en de gehoorzame mannen en de gehoorzame vrouwen, en de waarachtige mannen en de waarachtige vrouwen, en de geduldige mannen en de geduldige vrouwen, en de ootmoedige mannen en de ootmoedige vrouwen, en de bijdragen gevende mannen en de bijdragen gevende vrouwen, en de vastende mannen en de vastende vrouwen en de mannen die over hun kuisheid waken en de vrouwen die (daarover) waken, en de mannen die Allah veelvuldig gedenken en de vrouwen die gedenken: Allah heeft voor hen vergeving bereid en een geweldige beloning.**❯ [33:35]

4) Vrouwen hebben dezelfde morele verplichtingen en hebben recht op dezelfde algemene rechten als mannen bij het bewaken van hun kuisheid, integriteit en persoonlijke eer en respect, etc. Dubbele standaarden zijn niet toegestaan. Bijvoorbeeld, mensen die een kuise vrouw valselijk beschuldigen van overspel of ontucht worden in het openbaar gestraft, net als dat er een man wordt belasterd. Allah, de Verhevene, zegt in de Glorieuze Qur'an:

❮**En degenen die eerzame vrouwen beschuldigen (van ontucht) en vervolgens geen vier getuigen brengen: slaat hen met tachtig slagen. En aanvaardt nooit getuigenissen van hen, want zij zijn degenen die zware zonden begaan.**❯ [24:4]

5) Vrouwen zijn net zo gekwalificeerd en het is hen toegestaan om deel te nemen in financiële transacties en het eigendomsrecht. Volgens de islamitische wet kunnen vrouwen bezit hebben, kopen, verkopen en alle financiële transacties ondernemen zonder de noodzaak voor voogdij, en zonder enige restricties of beperkingen - een ongekende situatie zelfs in veel samenlevingen in deze moderne tijd.

6) De islam geeft aan dat een man die eervol en respectvol met vrouwen handelt, rechtvaardig en volledig, een gezonde en rechtvaardige persoonlijkheid bezit, terwijl een man die hen mishandelt een onrechtvaardig en onfatsoenlijke man is. De Profeet van Allah ﷺ zei:

"Degene onder de gelovigen met het meest volledige geloof is degene met de beste gedragscode. En de beste onder jullie is degene die zich het beste gedraagt tegenover zijn vrouwen."

[*Tirmidhi #1162* en geverifieerd]

7) De islam geeft vrouwen dezelfde rechten als mannen op het gebied van onderwijs en ontwikkeling. De Profeet van Allah ﷺ zei, zoals gerapporteerd en gewaarmerkt door de geleerden van de profetische overlevering:

"Het zoeken naar kennis ('ilm)is verplicht voor iedere moslim (zowel man en vrouw)."

[*Ibn Maajah #224 & al-Baihaqi* en geverifieerd]

Moslimgeleerden zijn collectief overeengekomen dat het woord "moslim", wanneer het wordt gebruikt in geopenbaarde geschriften, zowel mannen als vrouwen omvat, zoals wij het tussen haakjes vermelden. Dus, de islam geeft vrouwen hetzelfde recht op onderwijs, om de religieuze en sociale verplichtingen te kunnen begrijpen, en verplicht hen beiden om hun kinderen op de beste wijze op te voeden, in overeenstemming met de juiste islamitische begeleiding. Natuurlijk hebben vrouwen bepaalde verplichtingen bij de opvoeding van hun kinderen die in verhouding staat tot hun capaciteiten en mannen hebben complementaire verplichtingen om het gezin te financieel te onderhouden, te beschermen en te voorzien op basis van hun toegevoegde waarden en verantwoordelijkheden binnen het gezin.

De Profeet (ﷺ) zei:

"Een ieder die twee meisjes grootbrengt tot zij de volwassenheid bereiken – diegene en ik zullen (samen) komen op de Dag der Opstanding – en hij (ﷺ) strengelde zijn vingers in één (in het Paradijs)."

[*Muslim #2631*]

Over vrouwelijke slaven zei de Profeet van Allah (ﷺ):

"Wie een vrouwelijk kind bij hem heeft (onder zijn voogdij van de slavernij), en haar traint in het beste gedrag, en haar goed onderwijst, en haar vervolgens bevrijdt en met haar trouwt, hem wacht een dubbele beloning"

[*Bukhari #97 & Muslim #154*]

8) Mannen en vrouwen hebben dezelfde verplichtingen en verantwoordelijkheden bij het hervormen en corrigeren van de samenleving, naar het beste van hun vermogen. Mannen en vrouwen dragen samen de verantwoordelijkheid bij het opleggen van het goede en het verbieden van het kwade, zoals Allah, de Verhevene, zegt in de Koran:

❰En de gelovige mannen en de gelovige vrouwen zijn elkaars helpers, zij roepen op tot het behoorlijke en verbieden het verwerpelijke en zij onderhouden de *salat* en geven de *zakat* en zij gehoorzamen Allah en zijn Boodschapper. Zij zijn degenen die Allah zal begenadigen. Voorwaar, Allah is Almachtig, Alwijs.❱ [9:71]

9) De rechten van mannen en vrouwen zijn vastgesteld om hun eerlijk deel van de rijkdom te ontvangen, net zoals ze verplicht zijn om *Zakaat* (verplichte liefdadigheid) te geven volgens de vastgestelde berekening. Alle moslimgeleerden zijn het hier unaniem over eens. Een vrouw heeft haar eigen rechten als het gaat om de erfenis, dit zal later in meer detail worden besproken, een recht dat ondenkbaar was in veel samenlevingen.

Allah (ﷻ) zegt:

❰Voor de mannen is er een aandeel in wat achtergelaten wordt door de ouders en de verwanten, en voor de vrouwen is er een aandeel in wat achtergelaten wordt door de ouders en de verwanten, of het weinig of veel is: een vastgesteld aandeel.❱ [4:7]

10) Een vrouw kan, net als een man, iemand het recht geven om bescherming en veiligheid te zoeken tussen de Moslims. Allah, de Verhevene, zegt:

❰En één wanneer van de veelgodenaanbidders bescherming bij jullie zoekt geeft hem dan bescherming...❱ [9:6]

De Boodschapper van Allah (ﷺ) zei:

"...en de bescherming van de moslims is één, en de minste onder hen kan bescherming geven; en wie zich dit recht van een moslim afneemt, voor hem zal de vloek van Allah en Zijn engelen en alle mensen zijn, en geen berouw of losgeld van hem zal worden aanvaard..."

[*Bukhari* #3008]

Dit wordt ook bewezen door het beroemde verhaal van **Um Hani'** (Moeder van Hani') toen ze bescherming bood aan een polytheïst, die zijn toevlucht had gezocht bij haar op de dag van de verovering van Mekka, nadat één van haar bloedverwanten deze persoon wilde doden (vanwege een oude vete). De Boodschapper van Allah (ﷺ) zei:

"Wij beschermen en bieden asiel aan een ieder die jij asiel beidt O Um Hani'."
[*Bukhari* #350]

Dit zijn slechts enkele van de rechten, hier weergegeven als korte samenvattingen, om het alomvattende karakter van de islamitische jurisprudentie weer te geven.

Vrouwen als Zuigelingen, Kinderen en Dochters

Allah, de Verhevene, stelt in de Glorieuze Koran de noodzaak en het belang van het behoud en de verzorging van pasgeboren kinderen, het allereerste recht van het kind:

《Doodt jullie kinderen niet uit vrees voor armoede: Wij voorzien hun en jullie van levensonderhoud. Voorwaar, hen doden is een grote zonde.》 [17:31]

De islam vraagt de ouders om hun kinderen mooie namen te geven, goed voor hen te zorgen, te voorzien in al hun behoeften, in redelijkheid en in overeenstemming met het inkomen van de ouders, en te zorgen voor een fatsoenlijke, gerespecteerde en eerbaar leven voor hen.

En de authentieke profetische overlevering zegt:

"Voorwaar, Allah heeft het u verboden om ongehoorzaam en ondankbaar te zijn aan jullie moeders of om uw dochters levend te begraven ..." [Bukhari #1407 & Muslim #593]

Zo hebben zij het recht van bloedgeld als ze worden gedood, zoals het wordt gemeld door **Aishah**:

"Twee vrouwen uit Huthail stam vochten met elkaar en één gooide een steen en doodde de andere en hetgeen dat in haar baarmoeder was, zodat de Profeet (ﷺ) oordeelde dat het bloedgeld een slaaf jongen of meisje zou zijn, en het bloedgeld van de vrouw (100 vrouwelijke kamelen) zou bedragen, welke door haar clanleden diende te worden betaald." [Bukhari #3512 & Muslim #1681]

Allah, de Verhevene, zegt in de Glorieuze Qur'an:

《De moeders dienen hun kinderen twee volle jaren te zogen, voor wie die de zoogperiode wil volmaken. En op de vader rust de plicht van het voorzien in hun voedsel en hun kleding, volgens de voorschriften.》 [2:233]

Zorg en bescherming van kinderen is het meest belangrijk, direct na het recht van (melk) zogen door de moeder. De moeder heeft recht op het gezag over het kind, zoon of dochter, in de vroege stadium van het leven, in de leeftijd tussen één en dertien of veertien jaar. Dit geldt vooral in gevallen van echtscheiding als gevolg van essentiële verschillen tussen de ouders. Islam geeft de moeder de voogdij van haar kind tijdens de vroege kinderjaren, omdat ze, in het algemeen, meer zorg en aandacht heeft voor de behoeften van het kind. **'Abd Allah bin Amr** vertelde dat een vrouw bij de Profeet (ﷺ) kwam klagen over haar man door te zeggen:

"Mijn schoot droeg mijn baby als een foetus, mijn borst zoogde het kind als zuigeling, en mijn schoot droeg het kind voor een lange tijd. Nu heeft de vader mij gescheiden en wil hij de baby bij mij wegrukken!" Hij (ﷺ) zei: **"U heeft meer recht de voogdij van het kind, zolang u niet hertrouwt."**

[*Abu Dawood #2276 & anderen*]

Ouders zijn verplicht om al hun kinderen met barmhartigheid en mededogen te behandelen. **Abu Hurairah** (ﷺ) gemeld:

De Boodschapper van Allah (ﷺ) kuste (zijn kleinzoon) Hasan ibn Ali, terwijl Aqra ibn Haabis naast hem zat. *Aqra zei: "Ik heb tien kinderen, maar ik heb nooit één van hen gekust." De Boodschapper van Allah keek naar hem en zei: "Wie niet vriendelijk is voor anderen, zal geen vriendelijkheid ontvangen."* [*Bukhari #5651*]

De Islamitische wet bepaalt dat ouders moeten zorgen voor kinderen en aandacht moeten schenken aan hen, vooral voor meisjes en hun specifieke behoeften.

The Profeet (ﷺ) zegt ook:

"Een ieder die twee meisjes grootbrengt tot zij de volwassenheid bereiken – diegene en ik zullen (samen) komen op de Dag der Opstanding – en hij (ﷺ) strengelde zijn vingers in één (in het Paradijs)." [*Muslim #2631*]

De islamitische wetten en leer verplichten ouders om hun kinderen op te voeden met de beste manieren en hen een gedegen, heilzame en gezonde opvoeding te geven. De Profeet van Allah (ﷺ) zei:

"Het is genoeg zonde voor een persoon om hen waar hij voor verantwoordelijk is te verwaarlozen" [*Muslim #996*]

Ibn Umar (ﷺ) meldde dat de Boodschapper van of Allah (ﷺ) zei:

"De Boodschapper van Allah (ﷺ) heeft gezegd: "Eenieder van jullie is een herder en eenieder van jullie is verantwoordelijk (voor zijn kudde). Dus de leider is een herder en is verantwoordelijk, en de man is een herder en verantwoordelijk voor zijn familie, de vrouw is een herderin in het huis van haar man en is verantwoordelijk hiervoor."

[*Bukhari#853 & Muslim #1829*]

Islam beveelt rechtvaardigheid in alle zaken en deze algemene uitspraak wordt ook toegepast op alle kinderen, ongeacht hun geslacht.

Allah, de Verhevene, zegt in de Glorieuze Qur'an:

❴Allah beveelt rechtvaardigheid en het goede en het geven aan de verwanten en Hij verbiedt de zedeloosheid en het verwerpelijke en de opstandigheid. Hij onderricht jullie, hopelijk zullen jullie je laten vermanen.❵ [16:90]

Aishah (﷡), de vrouw van de Profeet (ﷺ) en moeder van de gelovigen zei:

Een arme vrouw kwam naar mijn deur met twee kleine meisjes. Ik bood hen drie dadels aan (want ik had niets anders). Ze gaf elk van haar twee meisjes een dadel, en bracht de derde naar haar mond om het te eten. Haar dochters spoorden haar aan om hen meer te geven, dus splitste ze de laatste dadel in twee stukken en gaf elk van haar dochters een stuk. Ik bewonderde wat de vrouw had gedaan en vertelde het verhaal aan de Profeet van Allah (ﷺ), die bij het horen ervan zei: **"Voorwaar Allah verplicht haar tot het paradijs vanwege deze daad."** *of* **"bevrijdt haar van het Hellevuur vanwege deze daad."** [Muslim #2630]

En in een andere authentieke overlevering zei hij aan het eind:

"Wie wordt getest door uitdagingen bij de zorg voor deze dochters, zij zullen voorwaar een verzekering voor hem tegen het Hellevuur zijn."

[Bukhari #1352 & Muslim #2629]

Islam vraagt om materiële en emotionele rechtvaardigheid en een eerlijke behandeling door beide ouders aan hun kinderen, ongeacht hun geslacht. Een mannelijk kind mag geen bijzondere voorkeur krijgen boven een vrouwelijk kind, of vice versa. De Profeet van Allah (ﷺ) zei tegen een van zijn metgezellen die een geschenk aan slechts één van zijn kinderen had gegeven:

"Heb je al jouw kinderen dit gegeven?" *Hij zei: "Nee."* **Hij zei: "Vrees Allah en wees rechtvaardig met al je kinderen"**

[Muslim # 1623]

Islam benadrukt het belang om te zorgen voor weeskinderen. Wees zijn heeft een grote negatieve invloed op de mentale, spirituele en emotionele status van een kind. Deze toestand kan een wees soms leiden richting afwijkend of corrupt gedrag, vooral als de wees leeft in een samenleving die niet de nodige zorg geeft, niet zijn behoeften vervult en niet vriendelijk en barmhartig is voor hem.

Islam besteedt bijzondere aandacht aan het welzijn van weeskinderen, mannen en vrouwen gelijk. Islam vereist dat de directe familieleden van die wees goed voor hem / haar zorgen. Als er geen familieleden zijn, dan wordt het de verantwoordelijkheid van de Islamitische Staat om voor hen te zorgen, hun zaken te beheren en hen zorg te geven. Allah, de Verhevene, zegt in de Glorieuze Qur'an:

❰Wat de wees betreft: beledig hem niet.❱ [93:9]

Allah, de Vehevene, zegt ook in de Glorieuze Qur'an:

❰**Voorwaar, degenen die van de eigendommen van de wezen op onrechtmatige wijze eten: voorwaar, zij verteren slechts vuur in hun buiken. En zij zullen een laaiend vuur (de Hel) binnengaan!**❱ [4:10]

De Profeet van Allah (ﷺ) zei:

"Voorwaar Ik verklaar de ernst van de rechten van de twee zwakke personen: de wees en de vrouw."

[Haakim #211 & Tabarani]

Hier geeft hij de grote zonde aan om deze twee schade toe te brengen of onrecht aan te doen, die, volgens hun natuurlijke zwakte in de samenleving, vaak worden verwaarloosd of van wie de rechten worden ontnomen. De Profeet van Allah (ﷺ) zei ook:

"Vermijd de zeven schadelijke zaken! Ze vroegen, 'Welke zeven schadelijke zaken, O Boodschapper van Allah?' Hij antwoordde, (1). 'Deelgenoten aan God toekennen, (2). Magie, (3). Het zonder reden doden iemand wiens leven God heilig heeft verklaard, (4). Het verbruiken van de bezittingen van een wees, (5). Het aannemen van rente, (6). De rug toekeren van de vijand tijdens het gevecht (i.e. op Jihad), (7). En het lasteren van kuise gelovige vrouwen."

[Bukhari #2615 & Muslim #89]

Veel andere Profetische uitspraken zijn gemeld als aansporing voor gelovige moslims om weeskinderen te sponsoren, goed voor hen te zorgen, vriendelijk voor hen te zijn, en hen liefde en genegenheid te tonen. Zo zei hij (ﷺ):

"Ik en degene die een weeskind onderhoudt, zullen in het Paradijs zijn zoals deze twee." En hij wees met zijn wijs- en middelvinger tegen elkaar.

[Bukhari #4998]

Islam zorgt voor het welzijn van die onwettige kinderen die, buiten hun schuld om, zijn achtergelaten zonder enige erkenning van hun ouders. De islamitische regering is verplicht om de zorg voor deze kinderen op zich te nemen, net zoals elk ander weeskind, zodat ze, met de wil van Allah, normaal en nuttig leden van de samenleving kunnen worden. Zoals de Profeet van Allah (ﷺ) zei als een algemene uitspraak van welwillendheid:

"...je krijgt beloning voor (het goede doen) voor ieder levend wezen." [Bukhari #2334]

Islamitische jurisprudentie verplicht de vaders (of verzorgers) om de mening van de dochters te vragen als het gaat om het huwelijk, aangezien haar mening een essentiële voorwaarde is voor de geldigheid van het huwelijk. Ze is vrij van dwang, en ze kan de persoon accepteren of het voorstel verwerpen.

De Profeet van Allah (ﷺ) zei:

"Een weduwe of gescheiden vrouw wordt niet gehuwd, totdat zij daarmee instemt. En een maagd wordt niet gehuwd, totdat zij dit goedkeurt." Hierop werd de Profeet (ﷺ) gevraagd: *"Hoe moet (een maagd) dan goedkeuring geven (vanwege haar schaamte)?"* Hierop zei de Profeet (ﷺ): *"Door te zwijgen."* [**Bukhari #4843**]

Imam Ahmad en anderen berichten dat '**Aishah** (ﷺ) zei:

Een jonge vrouw kwam naar de Boodschapper van Allah (ﷺ) en zei: "Mijn vader heeft me uitgehuwelijkt aan zijn neef, zodat hij zijn lage sociale status kan verbeteren (trouwen met de dame van aanzien zou de neef een hogere sociale status doen toekomen)". Daarop gaf de Profeet (ﷺ) haar toestemming het huwelijk af te wijzen. De jonge vrouw reageerde door te zeggen: "Ik accepteer wat mijn vader heeft gedaan, maar wilde de andere vrouwen informeren over het feit dat vaders niet het recht hebben hun dochters uit te huwelijken tegen hun wil." [Ahmad #25027]

Dit komt omdat dochters kostbaar zijn, want de Boodschapper van Allah (ﷺ) zei in een geverifieerde overlevering:

"Forceer de dochters en meisjes niet want ze zijn kostbaar en heerlijke metgezellen."

[*Ahmad* #17411 **and verified**]

Vrouwen als echtgenotes

Allah, de Verhevene, zegt in de Glorieuze Qur'an:

❴**En het behoort tot Zijn Tekenen dat Hij van jullie eigen soort echtgenotes heeft geschapen, opdat jullie rust bij haar vinden en Hij bracht tussen jullie liefde en barmhartigheid.**❵ [30:21]

Een van de grote tekenen van de Welwillendheid, Genade en Kracht van Allah, de Verhevene, is dat Hij voor de mens koppels heeft geschapen, één van de andere, zodat ze getroost, tevreden en bijgestaan worden door elkaar.

Het fundament van de samenleving is de familie, en de man en de vrouw zijn co-partners in dat gezin waarop een Moslim huis is gevestigd. Voor het succes van het gezin en de rust van het huis, verleent de islam elke echtgenoot bepaalde rechten en plichten. We zullen in de volgende paragraaf alleen richten op de rechten van de vrouwen.

Bruidsschat:

Een bruidsschat is het recht van iedere bruid op het moment van het huwelijk. Een huwelijkscontract wordt niet beschouwd als juridisch en compleet, tenzij en totdat een bruidsschat is opgegeven. Dit recht kan niet worden verbeurd, zelfs als de bruid het goedkeurt, totdat het huwelijkscontract is voltooid. De bruidsschat behoort toe aan de vrouw die huwelijk binnentreedt, en ze heeft de vrijheid om te doen wat ze wil met wat ze bezit nadat het huwelijkscontract is aangegaan. Allah, de Verhevene, zegt in de Glorieuze Qur'an:

❴**En geeft de vrouwen hun bruidsschatten als een schenking, maar wanneer het hen belieft (van de bruidsschat) terug te geven: eet er dan met plezier en welbehagen van.**❵ [4:4]

Het is de man niet toegestaan om iets terug te nemen van de bruidsschat als hij later besluit om haar te scheiden; zoals Allah, de Verhevene, zegt in de Glorieuze Qur'an:

❴**En als jullie een vrouw in de plaats van een andere (vrouw) willen nemen, terwijl jullie één van hen een schat gegeven hadden, neemt daar niets van terug: zouden jullie het door laster en duidelijke zonde terugnemen? En hoe zouden jullie ervan (kunnen) terugnemen, terwijl jullie al (als man en vrouw) tot elkaar gekomen zijn en "met jullie een plechtige overeenkomst gesloten hebben?**❵ [4:20-21]

Dit vers geeft, in hoge mate, de sacrale waarde van de huwelijkse geloften aan en de intimiteit van de huwelijksrelatie, evenals het recht op behoud van de bruidsschatgift in geval van echtscheiding. Allah, de Verhevene, stelt ook in de Glorieuze Qur'an:

《O jullie die geloven, het is jullie niet toegestaan vrouwen tegen hun wil te erven, noch te verhinderen om wat jullie aan hen gegeven hebben mee te nemen, behalve als zij duidelijk ontucht pleegden. En behandelt hen volgens de voorschriften. En wanneer jullie een afkeer van hen hebben, dan kan het zijn dat jullie een afkeer hebben van iets, terwijl Allah daarin veel goeds gelegd heft.》 [4:19]

Dit vers zorgt voor de rechten van de vrouw en de volledige rechtvaardigheid, zelfs als de man, om welke reden, niet van haar houdt. Dit wordt ook vermeld in een authentieke profetische overlevering waarin Aboe Hurairah (ﷺ) meldde dat de Boodschapper van Allah (ﷺ) zei:

"Een gelovige man behoort zijn gelovige vrouw (zijn echgenote) niet te haten. Als hij een eigenschap in haar haat, dan vindt hij een andere (eigenschap) van haar waar hij tevreden over is."

[Muslim #1469]

Financiële ondersteuning:

De man moet op eervolle wijze voldoende voedsel geven aan zijn huishouden, passend bij zijn status en de beschikbare middelen. Allah, de Verhevene, zegt:

《Laat hij die overvloed heeft geven uit zijn overvloed. En laat hij wiens middelen beperkt zijn, geven overeenkomstig hetgeen Allah hem heeft gegeven. Allah belast geen ziel boven hetgeen Hij haar heeft gegeven. Allah zal weldra verlichting verlenen na ongemak.》 [65:7]

Als een rijke man die voldoende heeft, weigert te besteden aan zijn familie in overeenstemming met het niveau van zijn middelen, en de vrouw is in staat om een deel van zijn rijkdom te nemen, kan ze middelen nemen om te voorzien in haar essentiële behoeften en dat van haar kinderen, hierbij moet ze wel verspilling en extravagantie vermijden. **Hind bint 'Utbah** kwam naar de Profeet (ﷺ) klagen over haar man en zei:

"Mijn man is een vrek en besteedt niet genoeg aan mij en zijn kinderen." Hij antwoordde: *"Neem wat u en uw kind volstaat, binnen het redelijke."* [Bukhari # 5049]

Als een man onder zware financiële druk staat en niet in staat is om te voldoen aan de financiële behoeften van zijn gezin, of als hij zijn vrouw voor een lange periode alleen achterlaat, waarbij de vrouw wordt geschaad als gevolg van zijn afwezigheid, dan heeft de vrouw recht om de rechter te vragen om haar huwelijk te ontbinden als zij dit wenst; overeenkomstig de uitspraken van de juristen in de islamitische jurisprudentie.

De Profeet van Allah (ﷺ) legde deze rechten uit toe hij zei:

"Vrees Allah, en wees beducht voor Hem als het om vrouwen gaat. Jullie hebben ze genomen d.m.v. het recht (gegeven aan jullie) van Allah, en hebt ze benaderd met de woorden van Allah. Ze zou niemand in je huis moeten toelaten, waarvan ze weet dat deze je niet bevalt, ongeacht of het een vrouw of man is. En als ze dat doen, sla haar dan (zachtjes, zonder ze pijn te doen). En zij (vrouwen) hebben rechten (op hun

echtgenoten) (waar het levensonderhoud betreft) **gelijk aan die van hun echtgenoten** *(waar het gehoorzaamheid en respect betreft)* **in het redelijke."**

[*Muslim #1218*]

De Profeet (ﷺ) zei tot zijn metgezel Sa'ad ibn Abi Waqqas (ﷺ):

"Je zult beloond worden voor alles wat je uitgeeft op de weg van Allah, al was het maar een hapje eten die je in de mond van je vrouw deed"

[*Bukhari #2592 & Muslim #1628*]

Rechtvaardigheid, Gelijkheid en Eerlijkheid:

Mannen die getrouwd zijn met meer dan één vrouw, zijn verplicht om te handelen met rechtvaardigheid, eerlijkheid en gelijkheid in de omgang met hen. Dit omvat bepalingen ten aanzien van kleding, huisvesting en het delen van zijn tijd, betrokkenheid en intimiteit. Allah, de Barmhartige, zegt:

❴**En indien jullie vrezen** (de vrouwen van) **de wezen niet rechtvaardige te behandelen, trouwt dan met de vrouwen** (niet de vrouwen van de wezen) **die jullie aanstaan, twee, drie of vier. En als jullie vrezen hen niet rechtvaardig** (te kunnen) **verzorgen, dan één of wat jullie aan slavinnen bezitten. Dat is de beste wijze om niet onrechtvaardig te zijn.**❵ [4:3]

De Profeet van Allah (ﷺ) zei:

"Een ieder die twee vrouwen heeft en de voorkeur geeft aan één van hen, zal op de Dag des Oordeels één van zijn zijden met zich meeslepen terwijl deze wegkwijnt."

[*Abu Dawood #2133, Tirmidhi #1141,* & *anderen en geverifieerd*]

Dit geeft aan dat de man rechtvaardigheid, eerlijkheid en gelijkheid moeten tonen tussen al zijn vrouwen. Hij wordt gewaarschuwd voor de ontzettende straf van verlamming en misvorming in het hiernamaals, net zoals hij de rechten van een van zijn vrouwen in deze wereld heeft verlamd en misvormd. Het is onwettig voor een man om zijn vrouw te mishandelen op welke wijze ook zoals door misbruik, ontberingen, intimidatie, onnodige lasten, beledigingen, mishandeling, misbruik van haar rijkdom en fondsen, haar toegestane uitstapjes te verbieden, etc., in een poging om haar te dwingen om alles wat ze bezit als losgeld aan haar man te betalen, zodat hij haar een echtscheiding geeft. Islamitische wetten staan de man toe bepaalde beperkingen op te leggen aan de vrouw als zij immoreel en schandelijk gedrag vertoont, die oneervol zijn voor hem en zijn familie, en schadelijk zijn voor de hele samenleving en de sociale orde. Het doel van deze beperkingen is om haar aan te moedigen om terug te keren naar juiste gedrag. Degenen die zich indiscreet blijven uiten, waarbij het vermoeden bestaat dat ze daadwerkelijk ontrouw zijn, kan een echtscheiding worden aangeboden, net zoals zij *"Khul"* mag verzoeken, waarbij zij om ontbinding van het huwelijkscontract vragen vanwege zijn wangedrag.

Bescherming en Bescherming:

Een man moet naar beste vermogen bescherming bieden en voorkomen dat zijn vrouw en kinderen schade of immoraliteit kan overkomen. Allah, de Verhevene, zegt:

❮**O u die gelooft, redt u zelf en uw gezinnen van het Vuur, welks brandstof mensen en stenen zijn, waarover engelen zijn, hard en streng, die Allah niet ongehoorzaam zijn in hetgeen Hij hun beveelt, en volvoeren wat hun wordt geboden.**❯ [66:6]

Alles dat bescherming biedt tegen onwettige en schandelijk handelen is lovenswaardig, maar extremisme is niet toegestaan Hij (ﷺ) zei ook:

"Er is een vorm van jaloezie waar Allah van houdt en een soort die Hij haat: het soort waar hij van houdt is de twijfelachtige handeling, en het soort dat hij haat, zijn besluiten die zijn genomen zonder enige twijfel." [Abu Dawood #2659 & Nasa`e #2558]

Bepaalde soorten van jaloezie zijn aanvaardbaar en prijzenswaardig, en anderen zijn dat niet, zoals de Profeet van Allah (ﷺ) hierboven uiteengezet, en in een geverifieerde overlevering zei hij:

"Allah de Allerhoogste is jaloers en de jaloezie van Allah uit zich als de mens Zijn verboden overtreedt."

[Bukhari #4925, & Muslim #2761]

Kameraadschap, zorg en intieme relaties:

Een man moet eervol en respectvol leven met zijn vrouw en in vriendelijkheid. Hij moet een fatsoenlijk, schoon en acceptabel uiterlijk behouden als hij zich ontspant in zijn huis, net zoals hij wil dat zijn vrouw dat voor hem doet thuis, want dit getuigt van wederzijds respect en fatsoen naar elkaar. De Profeet van Allah (ﷺ) legde dit principe uitgebreid uit, om een goed karakter en gedrag te stimuleren:

"De beste onder jullie (mannen) gelovigen zijn diegenen die zich het beste gedragen tegenover jullie vrouwen."

[Tirmidhi #1162 & Ibn Hibbaan, en geverifieerd]

De Boodschapper van Allah (ﷺ) had de gewoonte om zijn eigen kleding of schoenen te repareren en zijn vrouwen te helpen met hun dagelijkse bezigheden. Zijn vrouw **Aisha** (ﷺ) werd eens gevraagd:

"Wat was de Boodschapper van Allah gewend te doen als hij thuis was?" Zij antwoordde:

"Hij was gewend te helpen *in het* huis *en* als *de* tijd *voor het gebed aanbrak, ging hij weg* om te bidden.*"*

[*Bukhari #644*]

De Boodschapper van Allah (ﷺ) was altijd aangenaam, vriendelijk en zorgzaam voor iedereen, af en toe speelde hij en maakte hij gepaste grappen met zijn familieleden. De Profeet van Allah (ﷺ) zei:

"Iedere actie zonder het gedenken van Allah is ofwel een afwending ofwel een achteloosheid met uitzondering van vier daden: lopen van mikpunt naar mikpunt (tijdens boog schietoefeningen), dresseren van een paard, spelen met de eigen familie en leren zwemmen."

[*Nasa'e* #8939 en geverifieerd]

Deze overlevering geeft aan dat de meeste tijdverdrijf en amusement alleen maar bestaat om te spelen, een verspilling van tijd is en daarom zonder beloning; tenzij het gaat om uitzonderingen zoals hierboven vermeld die nuttig zijn, rechtmatig, en voldoen aan geldige en nuttige doeleinden. Allah's Profeet (ﷺ) is ook bekend om zijn vrolijkheid en gepast gedrag als hij grappen maakte met zijn familie en met hen speelde. Een voorbeeld van dit leuk tijdverdrijf is zoals **'Aisha** (﷠) de moeder van de gelovigen, zei:

"Aisha zei: "Op een keer was ik op reis met de Boodschapper van Allah (ﷺ) toen ik nog jong was en niet dik. Hij vroeg zijn metgezellen om vooruit te gaan, wat zij deden. Daarna zei hij: "laten wij een hardloopwedstrijdje met elkaar doen." Ik begon dus te rennen tot ik won. Later toen ik dik geworden was en vergeten wat er toen gebeurd was, was ik weer op reis met hem. Hij vroeg zijn metgezellen om vooruit te gaan en dat deden zij. Toen zei hij: "Laten we een hardloopwedstrijdje met elkaar houden." Ik was vergeten wat er bij de eerste race gebeurd was. Ik was dik en zei daarom: O boodschapper van Allah(vzmh), hoe kan ik tegen jou lopen in deze toestand?" Maar hij zei: laten we hardlopen. Toen won hij de race. Hij begon te lachen en zei: Dit was anders dan de laatste keer."

[*Ahmad #26320 & Abu Dawood #2578*]

Over de Boodschapper van Allah (ﷺ) wordt verteld dat hij voor het slapen gaan, en na het late avondgebed, gedurende een korte tijd in het huis zat, terwijl hij met ze sprak, hen gezelschap houdend en vriendelijkheid tonend. In de authentieke overleveringen vinden we dat **Ibn 'Abbas** (﷠) heeft overgeleverd:

"Ik sliep in het huis van Maymunah (zijn tante en vrouw van de Profeet) en op een avond zag ik de aanbidding van de Profeet tijdens het nachtgebed. Hij sprak een

bepaalde tijd met zijn vrouw, en ging toen slapen. Later in de nacht werd hij wakker en bad hij wat Allah voor hem had geschreven."

[*Bukhari #4293 & Muslim #763*]

Allah, de Verhevene, zegt in de Glorieuze Qur'an:

《Voorzeker, de Boodschapper van Allah is voor jullie een goed voorbeeld: voor wie op (de beloning van) **Allah en het Hiernamaals hoopt, en voor wie Allah veelvuldig gedenkt.》 [33:21]**

Vandaar dat Allah's Profeet (ﷺ) voor ons allemaal, de gelovige moslims, het beste voorbeeld is om te volgen. Moslims behoren het patroon van Allah's Profeet (ﷺ) volgen in al hun zaken, persoonlijke en publieke, hun hele leven lang.

Alle geheimen van de echtgenote moeten worden bewaard en haar tekortkomingen moeten worden verborgen. Privézaken mogen niet openbaar worden gemaakt of tot gespreksonderwerp moeten worden gemaakt, zelfs niet onder de beste vrienden.

De Boodschapper van Allah (ﷺ) zei:

"Een van de slechtste mensen in de ogen van Allah op de Dag der Opstanding is een man die een intieme relatie heeft met zijn vrouw, of een vrouw, die dit heeft met haar man, en dat één van hen deze privézaak aan anderen onthult." [*Muslim #1437 & others*]

Het is het recht van de gehuwde vrouw om de nacht door te brengen met haar man en seksuele bevrediging, tevredenheid en voldoening te hebben. Dit recht is een van de meest benadrukte rechten in de islam, die gelijk staat aan de behoefte van de man om zijn bevrediging te krijgen. De man wordt geacht en is verplicht door de islamitische wet, om aan de seksuele rechten van zijn echtgenote te voldoen en te streven naar de tevredenheid van de echtgenote, om te voorkomen dat zij de neiging krijgt om zich te wenden richting schandelijke daden, moge Allah dit verhoeden. Een echtgenote heeft, zoals elke andere vrouw, er grote behoefte aan om bemind en gekoesterd te worden en verzorgd, en om vervulling van haar rechtmatige natuurlijke en fysieke verlangens te ontvangen.

Islam verbiedt echtgenoten zich dusdanig te richten op fysieke aanbidding en devotie, zoals gebeden en vasten, dat dit afbreuk doet aan het voldoen aan de fysieke, seksuele en sociale behoeften van hun echtgenoten. In een beroemd incident meldt **Salman Al-Farisi** (ﷺ):

"Op een dag bezocht Salman het huis van Abu al-Darda en trof daar zijn vrouw, Umm al-Darda, aan. Ze droeg oude, versleten kleren. Hij vroeg haar waarom ze er zo uitzag en ze antwoordde: **'Jouw broeder Abu al-Darda geeft niet om wereldse zaken'***. Ondertussen was Abu al-Darda thuisgekomen en bereidde een maaltijd voor Salman. De laatste vroeg hem mee te komen eten, maar Abu al-Darda antwoordde:* **'Ik ben aan het**

vasten'. Salman zei toen: **'Ik eet niets als je niet meedoet'**. Dus ging Abu al-Darda mee-eten. Toen het nacht was stond Abu al-Darda op om te gaan bidden, maar Salman zei dat hij weer moest gaan slapen, dus deed hij dit.

Na een poosje stond Abu al-Darda weer op, waarop Salman hem nogmaals aanspoorde te gaan slapen. Toen de nacht bijna om was, riep Salman Abu al-Darda om op te staan, waarop ze beiden het ochtend gebed verrichten. Salman vertelde Abu al-Darda toen: **'Jouw Heer heeft recht op jou, je hebt recht op jezelf, je familie heeft recht op jou. Geef ieder dus waar hij recht op heeft'**. Abu al-Darda vertelde dit incident aan de Profeet, vrede zij met hem, die zei: **'Salman heeft gelijk."** [*Bukhari #1867*]

Gezien de behoeften van zijn echtgenote, moet een echtgenoot niet lange tijd van huis zijn. Kalief Umar ibn Al-Khattab (ﷺ) heeft een termijn van zes maanden vastgesteld, na overleg met zijn dochter Hafsa over de lengte van de periode, dat een vrouw de afwezigheid van haar man geduldig dragen.

Abdur-Razzaq en anderen hebben een beroemd verhaal verteld:

'Umar ibn al-Khattab (ﷺ) was op een nacht rondes aan het maken, toen hij de klaagzang hoorde van een vrouw:

De nacht is lang geworden, en het einde is donker en zwart,

Ik ben slapeloos geworden, omdat ik geen minnaar heb om mee te spelen,

Zowaar als een is (de Heer), waarvan de Troon boven de hemelen is,

De zijkanten van dit bed zouden rollen, schudden en trillen!

In de ochtend ging hij naar haar toe en vroeg haar naar de reden voor haar gedicht, en ze antwoordde ze dat haar man met de soldaten op een lange veldtocht was gegaan. Umar vroeg vervolgens aan Hafsa hoe lang een vrouw geduldig op de terugkeer van haar man kon wachten. Na enkele momenten van aarzeling en verlegenheid, waarin hij haar ervan overtuigde dat deze vraag van belang was voor het algemene welzijn van de moslims, antwoordde ze zes maanden."

Hierna, zou Umar veldtochten binnen zes maanden beëindigen, zodat ze binnen dit termijn konden terugkeren naar hun vrouwen.

Deze periode is een benadering, omdat het door (gedwongen) omstandigheden meer of minder kan zijn. Ze kan de afwezigheid van haar echtgenoot tolereren voor een periode die langer is dan zes maanden of van hem verlangen om voor die tijd terug te keren.

De man mag een rechtmatig verzoek van zijn echtgenote niet weigeren of ontkennen, tenzij hij een geldige reden heeft. Een man mag geen financiële beslissingen nemen namens zijn echtgenote, tenzij zij hem uitdrukkelijk toestemming geeft. De man heeft niet het recht om zich financiële activa van zijn echtgenote eigen te maken zonder haar goedkeuring.

Hij moet ook zijn echtgenote raadplegen bij het nemen van besluiten rond grote huishoudelijke uitgaven, zaken aangaande de kinderen en andere wederzijdse zaken. Het is niet verstandig voor een man om zijn mening op te leggen aan de andere leden van het gezin zonder te luisteren naar de mening van de echtgenote, zolang haar mening verstandig is en correct. Allah's Profeet (ﷺ) gaf ons een praktisch voorbeeld aangaande deze situatie.

Op de 'Dag van het Pact' met de Quraish stam, beval de Profeet (ﷺ) zijn metgezellen om hun hoofd te scheren en om de toestand van 'Ihraam[2] af te sluiten, maar ze waren traag en haastten zich niet om zijn opdracht uit te voeren. Um Salamah (ﷺ) zijn vrouw, gaf hem het advies om het zelf eerst te doen en dan naar buiten gaan en voor zijn metgezellen uit te lopen. Allah's Profeet handelde op advies van zijn vrouw, en deed wat ze had voorgesteld, en toen de metgezellen zijn actie zagen, haastten ze zich allemaal om gehoorzaam te zijn.

Een echtgenoot moet voorkomen dat hij iedere onschuldige vergissing telt die zijn echtgenote kan maken. Bijvoorbeeld, de Profeet van Allah (ﷺ) zei:

"Een man mag niet 's avonds laat naar zijn huis komen *(dwz zonder op voorhand zijn komst aan te kondigen.)* **"**

[Bukhari #4948 & Muslim#715]

Deze aanbeveling wordt gegeven, zodat de vrouw haar haar kan kammen of zichzelf kan wassen zodat hij zijn echtgenote niet in een onvoorbereide toestand aantreft, wat voor hem een reden kan worden voor ongenoegen. Met de moderne faciliteiten van tegenwoordig hebben echtgenoten natuurlijk de mogelijkheid om hun vrouwen ruim van tevoren te informeren, of ze overdag of laat in de nacht aankomen.

Het is de plicht van een man om vriendelijk, attent, mededeelzaam en zorgzaam te zijn met zijn echtgenote. Hij moet in de omgang met haar eerlijk, fatsoenlijk, geduldig en zorgzaam zijn, en hij moet rekening houden met haar menselijke natuur. Vrouwen waarderen het om teder te worden behandeld, geliefd te zijn en goed verzorgd te worden. Een man moet zijn genegenheid, liefde, waardering, zorg, aandacht en echte waardering voor zijn echtgenote tonen.

Het systeem van de echtscheiding in de islam is ontworpen om de rechten en belangen van de vrouwen te beschermen, en laat voldoende gelegenheid en tijd voor verzoening. We zullen dit verderop in meer detail beschrijven, maar hier vermelden we alleen dat men bij een scheiding, zoals in het huwelijk, fatsoenlijk dient te handelen om het recht van beide partijen te garanderen, zoals Allah, de Meest Wijze, zegt:

---

[2] **Ihraam:** Een staat waarbij zekere zaken verboden worden voor een pelgrim.

❨**De verstoting is twee maal** (mogelijk)**. Daarna is er** (de keus tussen) **terugname volgens de voorschriften of scheiding op een goede manier,**❩ [2:229]

Vrouwen als moeders

Allah, de Barmhartige, heeft herhaaldelijk gewezen op het recht van ouders in het algemeen en van de moeder in het bijzonder. Allah, de Verhevene, zegt in de Koran:

《**En jullie Heer heeft bepaald dat jullie niets dan Hem alleen aanbidden, en goedheid betrachten tegenover de ouders. Als een van de twee of beiden de ouderdom bereiken in jouw aanwezigheid, zeg dan nooit "oef"** (een woord van verachtelijkheid) **tegen hen, snauw hen niet af en spreek tot hen een vriendelijk woord.**》 [17:23]

In dit vers wordt het recht van Allah om aanbeden te worden geplaatst aan de zijde van de ouders, en alle geleerden het erover eens dat de rechten van de ouders in de islam groot zijn en geplaatst worden vóór alle anderen behalve Allah.

Gehoorzaamheid aan de ouders moet prioriteit worden gegeven boven alle anderen, inclusief de echtgenote. Dit betekent niet dat de echtgenote moet worden vernederd of beledigd op enige wijze, maar alleen dat de ouders voorrang moet worden gegeven in gehoorzaamheid boven alle anderen, op de voorwaarde dat ze niet ongehoorzaam zijn aan Allah, de Verhevene, en Zijn Profeet (ﷺ).

Allah's genoegen of ongenoegen met de mens is maar een indicatie van het plezier van de ouders met hun zoon of dochter, zoals de Profeet aangegeven (ﷺ) toen hij zei:

"Allah's genoegen met de mens is door middel van het plezier van de ouders en Zijn ongenoegen is door middel van het ongenoegen van de ouders." [Ibn Hibban #429 & Tabrani en geverifieerd]

"Birr ul-Walidain" betekent gehoorzaam, goed en vriendelijk zijn voor hen, hen behagen en het voorzien in hun behoeften, vooral op oudere leeftijd. Hen dienen wordt beschouwd als verplichte daad en heeft de voorkeur boven het deelnemen aan diverse daden die vrijwillig worden aangegaan, zoals in de vorm van Jihad (dat wil zeggen, het streven voor de zaak van Allah). *Een man kwam om toestemming te vragen om deel te nemen aan de Jihad en de Boodschapper van Allah (ﷺ) vroeg of zijn ouders nog in leven waren waarop hij bevestigend antwoordde. Toen zei hij tegen de man:*

"Strijd dan door voor hen te zorgen (jaahid)."

[Bukhari #2842 & Muslim #2549]

Dit wordt ook bevestigd in een authentieke overlevering dat **Ibn Mas'oed** (ﷺ) heeft overgeleverd:

"Ik vroeg de Profeet (ﷺ): "Welke daad is het meest geliefd bij Allah?" Hij antwoordde:"Het gebed op de vastgestelde tijdstippen verrichten." Abd Allah vroeg, "Wat daarna?" De Profeet zei: "Gehoorzaamheid aan de ouders." Abd Allah vroeg, "Wat daarna?" De Profeet zei: "Deelnemen aan de Jihad voor de zaak van Allah."

[Bukhari #5625 & Muslim#139]

In een andere overlevering heeft **Abd Allah bin Amr bin al-Aas** (ﷺ) overgeleverd:

"Een man kwam naar de Boodschapper van Allah (ﷺ) en zei tegen hem: 'O Boodschapper van Allah! Ik zal je mijn belofte van trouw geven om te migreren en te streven voor de zaak van Allah, op zoek naar Zijn beloning alleen.'

Bij het horen van dat de Profeet (ﷺ) vroeg de man: 'Zijn je ouders in leven?'

De man zei: 'Ja, O Profeet van Allah, beiden zijn in leven.'

Hij zei: 'Wil je de beloning van Allah verkrijgen?'

Hij zei: 'Ja.'

Hij zei: 'Ga dan terug naar je ouders en wees de beste en vriendelijkste metgezel voor hen.' [Muslim #2549]

En in een andere authentieke overlevering Mu'awiyah als-Sulami zei tegen de Boodschapper van Allah (ﷺ):

'Ik wil Jihad verrichten op de weg van Allah.'

De Boodschapper van Allah (ﷺ) vroeg: "Is je moeder in leven?"

Hij zei: 'Ja.'

Hij zei: "Blijf bij haar, want Jannah ligt onder haar voeten."

[Ahmad#1557 & Nasa'e #3104 en geverifieerd]

Deze karakteristieke uitdrukking toont de mate van eerbied, respect en gehoorzaamheid aan die de kinderen moeten laten zien aan hun moeder, om haar plezier te verdienen door de continue zorg en dienstverlening aan haar; die leidt tot het bereiken van de tevredenheid van Allah en tot Zijn Paradijs, de beloofde beloning voor alle oprechte en vrome gelovigen.

Moeders hebben meer recht en verdienen meer vriendelijkheid, hulp, goede behandeling en gezelschap dan de vaders, omdat de moeder de eerste is die de zorg voor de kinderen heeft en ze directer te maken heeft met de dagelijkse ontberingen bij hun opvoeding. Bukhari en anderen melden dat **Abu-Hurairah** (ﷺ) heeft overgeleverd:

'Een man kwam naar de Profeet (ﷺ) en vroeg hem: **"O Boodschapper van Allah, wie van de mensen heeft het meeste recht op goed gezelschap van mij?"**

Hij antwoordde: **"Je moeder."**

De man vroeg: **"En wie dan?"**

Hij antwoordde: **"Je moeder"**

"En wie dan?"

Hij antwoordde: **"Je moeder."**

"En wie dan?"

Hij antwoordde: **"Je vader."**

[*Bukhari #5625 & Muslim#2548*]

Deze uitgebreide les is een samenvatting waaruit blijkt dat moeders het uiterste verdienen als het gaat om gehoorzaamheid, welwillendheid en zorg gedurende hun hele leven.

Deze overlevering geeft aan dat een moeder drie keer de rechten van die van een vader heeft en dit heeft te maken met het lijden dat zij ervaart tijdens de verschillende fasen van het leven van haar kind; tijdens de zwangerschap, bevalling, verpleging, en het opvoeden van het kind.

Allah, de Verhevene, zegt in de Glorieuze Koran:

❨**En Wij bevolen de mens (goedheid) jegens zijn ouders. Zijn moeder droeg heen in zwakheid op zwakheid, en het zogen van hem duurde twee jaren. Wees daarom Mij en jouw ouders dankbaar. Tot Mij is de terugkeer.**❩ [31:14]

Moeders krijgen voorrang boven vaders in termen van bijzondere vriendelijkheid, zorg, plicht, hulp en gehoorzaamheid. Beide ouders moeten, in overeenstemming met de islamitische leer en principes, worden gehoorzaamd, gerespecteerd en gelijkwaardig worden behandeld, zolang ze geen bevelen of eisen stellen aan hun kinderen om hun Schepper ongehoorzaam te zijn. Als zij hun kinderen vragen om een daad van ongehoorzaamheid aan Allah te verrichten, dan dienen zij slechts in deze bijzondere situatie, niet door een zoon of dochter te worden gehoorzaamd, maar de kinderen moeten wel hun normale plichten jegens de ouders in andere zaken vervullen. Van hen wordt verwacht dat ze dienstbaar zijn aan hun ouders, hen helpen in hun wereldse zaken, en hen redden wanneer ze dat nodig hebben. Allah, de Verhevene, zegt in de Glorieuze Qur'an:

«En als zij jou dwingen dat jij iets aan Mij toekent, zonder dat jij er kennis over hebt: gehoorzaam hen dan niet. En vergezel hen vriendelijk op de wereld. En volg de Weg van degenen die zich tot Mij hebben gewend. Daarna is tot Mij jullie terugkeer. Dan zal Ik jullie op de hoogte brengen van wat jullie plachten te doen.»
[31:15]

Ouders moeten worden gerespecteerd, gehoorzaamd en financieel worden ondersteund door hun kinderen, zelfs als ze een religie of geloof hebben, anders dan de Islam, zolang ze niet eisen dat hun zoon of dochter een daad van ongehoorzaamheid aan Allah verrichten. **Asma Binte Abu-Bakr** (﷩) zei:

Mijn moeder, die nog een heiden was, kwam op bezoek. Ik ging naar de Boodschapper van Allah (ﷺ) op zoek naar zijn oordeel. Ik zei: **"Ze is gekomen om te bezoeken en zij is geïnteresseerd in de islam, onderhoud ik mijn relatie met haar?"** *De Boodschapper van Allah (ﷺ) zei:* **"Ja, inderdaad, verbonden blijven met je moeder."**

[Bukhari #2477 & Muslim#1003]

Islam moedigt zonen en dochters aan om hun moeders met vriendelijkheid te behandelen, hen gehoorzaam te zijn en voor hen te zorgen - en op hun wenken te bedienen en om hun ouders te steunen bij hun diverse dagelijkse huishoudelijke taken – zoals wordt geïllustreerd in de volgende lange overlevering waarin **Abu Huraira** (﷩) overleverde dat de boodschapper van Allah (ﷺ) zei:

"Niemand sprak in de wieg behalve drie (personen), 'Isa ('alayhi salaam) de zoon van Maryam (﷑), de tweede was in de tijd van Juraij.

Juraij had een Tempel gebouwd en hij verbleef daarin. Zijn moeder kwam naar hem terwijl hij bezig was met het gebed en ze zei, "Juraij." hij zei, "O mijn Heer, mijn moeder roept mij terwijl ik bezig ben met mijn gebed. Hij ging verder met zijn gebed, ze ging weg en kwam de volgende dag terug en hij was bezig met zijn gebed.

En ze zei, "Juraij." en hij zei, "O mijn Heer, mijn moeder roept mij terwijl ik bezig ben met mijn gebed. Hij ging verder met zijn gebed, ze ging weer weg en kwam de volgende dag terug en hij was bezig met zijn gebed.

En ze zei, "Juraij." en hij zei, "O mijn Heer, mijn moeder roept mij terwijl ik bezig ben met mijn gebed. Hij ging verder met zijn gebed, en zij zei, 'O mijn Heer, laat hem niet sterven voordat hij het gezicht (lot) ziet van de prostituee."

Het verhaal van Juraij zijn meditatie en aanbidding (gebeden) waren wel bekend onder de Bani Isra'il. Er was een prostituee die een mooie verschijning had. Ze zei tegen de mensen: "Als jullie willen zal ik hem verleiden tot het kwaad. Ze presenteerde zichzelf aan hem maar hij gaf haar helemaal geen aandacht. Ze kwam bij een schapenherder die dichtbij de tempel leefde en ze gaf zichzelf aan hem en hij beging Zina (seksuele gemeenschap) met haar en ze werd zwanger en toen ze het kind kreeg zei ze: "Dit is van Juraij." Dus vroegen de mensen hem om naar beneden te komen en ze vernietigden de tempel en ze begonnen hem te slaan. Hij zei"Wat is er aan de hand?" Zij zeiden, "Jij hebt ontucht gepleegd met deze prostituee en ze heeft een kind gekregen van jou. Hij zei: "Waar is de baby? Ze brachten de baby en Juraij zei: "Laat me even met rust zodat ik het gebed kan verrichten. En hij verrichte een gebed en toen hij klaar was, ging hij naar de baby, hij drukte op de baby zijn buik en zei, "O jongen, wie is je vader? De baby zei: "Het is die schapenherder. Toen gingen ze richting Juraij, en begonnen ze hem te kussen en raakte ze hem aan (zoekend naar zegeningen) en ze zeiden; "We zijn bereid om jouw tempel te herbouwen van goud." Hij zei, "Nee, herbouw het maar met modder zoals het als eerst was." En dat deden ze."

Abu Huraira (﷑) overleverde van de boodschapper van Allah (ﷺ) dat hij zei:

"Terwijl een dame haar kind verzorgde, kwam er een ruiter langs, en de dame zei, 'O Allah! laat mijn kind niet sterven voordat hij zoals deze wordt (een ruiter),' het kind zei, "O Allah! maak mij niet zoals hem.' en de baby ging weer terug naar haar borst (borstvoeding). (na een tijdje) passeerde ze een vrouw die werd getrokken en geplaagd (door de mensen). De moeder van de baby zei, "O Allah! laat mijn kind niet zoals haar worden.' het kind zei, "O Allah! laat mij zoals haar worden.' Toen zei de Profeet, "Wat betreft de ruiter, hij is een ongelovige. terwijl de vrouw wordt beschuldigd van onwettelijke seksuele gemeenschap (valselijk beschuldigd) en ze zegt: 'Allah is voldoende voor mij (Hij weet de waarheid)."

[*Bukhari #3253*]

Ongehoorzaamheid aan de ouders, hen niet respecteren en hun rechten niet vervullen is de grootste zonde. De straf van Allah voor deze zonde is niet alleen in het hiernamaals, maar ook in dit leven, want het is overgeleverd dat de Boodschapper van Allah (ﷺ) zei:

"Van twee (soorten zonden) zal Allah (de bestraffing) in deze wereld doorsturen:. gewelddadige overtreding en ongehoorzaamheid van kinderen aan hun ouders."

[*Tirmidhi #2511 & Ibn Maajah #4211* en geverifieerd]

De Boodschapper van Allah (ﷺ) heeft ook gezegd:

"Voorwaar, Allah heeft u verboden om uw moeders ongehoorzaam te zijn, om mensen hun rechten te ontnemen, om mensen te vragen naar iets waar je geen recht op hebt, om uw meisjes baby's levend te begraven. Hij verafschuwt het als u roddelt, te veel vragen stelt, of uw vermogen verspilt."

[*Bukhari* #5630]

De Profeet (ﷺ) illustreerde dat het goed en vriendelijk zijn voor ouders essentieel bij de vervulling van de smeekbedes en gebeden van de mens gedurende zijn leven is, zoals **Ibn Umar** (﷑) verslag doet in een lange overlevering dat de Profeet (ﷺ) zegt:

"Drie mannen die behoorden tot één van de gemeenschappen die jullie voorafgingen, gingen op weg tot de nacht viel. Toen zochten ze hun toevlucht in een grot. Een rotsblok viel van de berg en blokkeerde de ingang van de grot. Ze zeiden tegen elkaar: "We zullen enkel verlost geraken van deze rots als we Allah aanroepen door onze goede daden te vermelden."

Eén van hen zei: "Heer! Ik had twee oude ouders en ik gaf nooit iemand anders melk te drinken vóór hun, zelfs niemand van mijn familie of één van mijn slaven. Op een dag heb ik mijn dieren op een verre plaats laten grazen en toen ik terug thuis kwam, waren mijn ouders al in slaap gevallen. Ik had hun deel van de melk gemolken, maar ze waren al aan het slapen. Ik verafschuwde het echter dat ik hen zou moeten wakker maken, of dat ik de melk aan mijn familie of mijn dienaren zou geven. Dus heb ik geduld uitgeoefend, met de kom melk in de hand. Zo wachtte ik tot de dageraad voor ze wakker werden, terwijl mijn kinderen aan mijn voeten schreeuwden van de honger. Uiteindelijk werden ze wakker en dronken ze hun deel. Heer! Als ik dit alles gedaan heb, hopend op Uw tevredenheid, bevrijd ons dan van het verdriet waarin we ons bevinden wegens deze rots!"
De rots verplaatste zicht een beetje, maar niet genoeg opdat ze uit de grot konden komen.

De tweede zei: "Heer! Ik had een nicht die mij dierbaarder was dan wat dan ook ter wereld. Ik deed haar oneerbare voorstellen, maar ze weigerde zich aan mij te geven. Een jaar van grote hongersnood dwong haar om mij te komen opzoeken. Ik stelde haar honderd twintig dinar voor, op voorwaarde dat ze akkoord ging om zich af te zonderen met mij. Ze ging akkoord. Maar op het moment dat ik haar kon dwingen zei ze me: Vrees Allah en scheur het maagdenvlies enkel op een wettige manier (binnen het huwelijk)!
Ik wendde me van haar af, hoewel ze voor mij de meest dierbare persoon was en ik liet het geld dat ik haar gegeven had bij haar achter. Heer! Als ik dit alles gedaan heb, hopend op Uw tevredenheid, bevrijd ons dan van het verdriet waarin we ons bevinden wegens deze rots!"
De rots verplaatste zicht een beetje, maar niet genoeg opdat ze uit de grot konden komen.

De derde zei: "Heer! Ik had mensen in dienst aan wie ik hun loon betaald had, behalve aan één van hen die vertrok en achterliet waar hij recht op had. Ik liet zijn bezittingen geld opbrengen en zo werd dit een groot fortuin. Na een zekere tijd kwam hij naar me toe en zei me: O, dienaar van Allah! Geef me mijn loon. Ik zei hem: Alles wat je hier voor je ziet, de kamelen, de runderen, de schapen en de slaven, dat is jouw loon. Toen zei hij: Dienaar van Allah! Spot je met mij? Ik antwoordde hem: Ik spot niet met jou. Hij nam toen zijn bezittingen, liet ze bij hem thuis brengen en liet er niets van achter. Heer! Als ik dit alles gedaan heb, hopend op Uw tevredenheid, bevrijd ons dan van het verdriet waarin we ons bevinden wegens deze rots!
De rots verplaatste zich en ze konden uiteindelijk de grot vrij verlaten.

[*Bukhari* #2152]

De islam leert dat het streven naar het plezieren van de ouders, het goed en vriendelijk te zijn, behulpzaam en attent te zijn voor hen en respect en zorg voor hen hebben gedurende hun leven, een belangrijke manier is om boetedoening te doen en de last van onze zonden in deze wereld te verwijderen. **Abd Allah Ibn Umar** (ﷺ) zei:

Een man kwam naar de Boodschapper van Allah (ﷺ) en vroeg: "Ik heb een grote zonde begaan. Is er een berouw waarop ik me kan beroepen, zodat mijn zonde vergeven wordt?"

*De Profeet (ﷺ) vroeg aan de man: "**Heb je een moeder?**"*

*De man: "**Nee.**"*

*De Profeet (ﷺ) zei: "**Heb je een tante?**"*

*De man: "**Ja.**"*

*De Profeet (ﷺ): "**Wees goed jegens je tante.**"*

[*Tirmidhi #1904 & Ibn Hibban #435* en geverifieerd]

Deze overlevering geeft haar recht weer, omdat de tante van moeders kant, in de islamitische jurisprudentie, in sommige opzichten een soortgelijke status heeft als de moeder, omdat de Profeet van Allah (ﷺ) zei:

*"**De zus van de moeder heeft een status vergelijkbaar met de moeder.**"*

[**Bukhari #2552**]

Deze globale richtlijnen tonen de belangrijkste rechten van ouders in het algemeen en moeders in het bijzonder en illustreren dat moeders in de islamitische leer op unieke wijze gerespecteerd worden.

Vrouwen als bloedverwant en buur

Voor vrouwen zijn dezelfde algemene rechten opgenomen in de wetgeving van de islamitische jurisprudentie die nodig zijn voor mannen. Het zorg dragen voor de samenleving, publieke welzijn en de wederzijdse ondersteuning van elkaar is een handelsmerk van het Islamitische sociale systeem. De Profeet (ﷺ) zei:

"De gelovigen zijn in hun onderlinge genade, liefde en vriendelijkheid als één lichaam. Wanneer een deel van het lichaam (aan ziekte) lijdt, dan is het hele lichaam betrokken in de vorm van slapeloosheid en koorts."

[*Muslim #2586*]

En hij zei (ﷺ):

"De Profeet (ﷺ) heeft gezegd: De gelovige vormt samen met een andere gelovige een soort bouwwerk, het ene deel steunt op het andere. Hij maakte een gebaar door zijn vingers in elkaar te schuiven." [*Bukhari #467 & Muslim#2585*]

Een vrouw die een tante, nicht, neef, of ander soort van familielid is, is ongeacht de afstand, opgenomen in de lijst van bloedverwanten van wie Allah heeft bevolen om daar goed, vriendelijk en ondersteunend voor te zijn. Allah, de Verhevene, zegt in de Koran:

❮Zult u dan niet door u af te wenden verderf in het land brengen en uw familiebanden verbreken?❯ (47:22)

De Profeet (ﷺ) zegt:

"Iemand die zijn familiebanden verbreekt zal nooit Jannah binnentreden."

[*Muslim #2556*]

En hij (ﷺ) zei ook:

"Liefdadigheid richting een arm persoon is één keer liefdadigheid geven, liefdadigheid richting een (arm) familielid is twee keer liefdadigheid geven: liefdadigheid en verbinding met een familielid."

[*Tirmidhi #658 & Ibn Maajah#1844* en geverifieerd]

Als een vrouw een buurvrouw is en ze is een moslim, heeft zij recht op twee rechten: het recht van de islam, en het recht van een buurman. Allah, de Verhevene, zegt in de Koran:

《En aanbidt Allah en kent Hem in niets een deelgenoot toe, en wees goed voor de ouders en de verwanten en de wezen en de behoeftigen en de verwante buren en de niet-verwante buren en de goede vrienden en de reiziger en de slaven waarover jullie beschikken. Voorwaar, Allah houdt niet van trotse hoogmoedigen.》 [4:36]

Islam verplicht een moslim om goed te zijn voor alle buren (recht op nabuurschap). De Boodschapper van Allah (ﷺ) zei:

"Jibreel (aartsengel Gabriel) stopte niet met het vermanen van mij wat betreft de buur totdat ik dacht dat hij (d.w.z.: de buurman) zou erven van mij."

[*Bukhari #5668*]

Hij (ﷺ) zei ook:

"Bij Allah, hij gelooft niet! Bij Allah, hij gelooft niet! Bij Allah, hij gelooft niet! Zij (de metgezellen) vroegen: "Wie, O Boodschapper van Allah?" Hij zei: "Wiens buurman niet veilig is voor zijn kwaad." [*Bukhari 5670*]

Het wordt ook gemeld door **Asfahani** in Hilyatul-Awliya dat **Talhah** (ﷺ) zei:

Op een nacht zag Talhah dat Umar Ibn al-Khattab (ﷺ) in de donkerte van de nacht naar buiten ging. Umar betrad een huis en vervolgens betrad bij een ander huis. Toen de ochtend aanbrak, ging Talhah naar desbetreffende huis. Hij trof daar een blinde, oude vrouw aan die niet in staat was om op te staan. Talhah zei: "Wat doet deze man die steeds bij jou komt?" Zij zei: "Hij bezoekt mij sinds die en die tijd. Hij komt en zorgt voor de dingen die ik nodig heb. Daarnaast gooit hij het afval weg." Talhah zei tegen zichzelf: "Ben je de misstappen van Umar aan het volgen?"

De Boodschapper van Allah (ﷺ) zei:

"Degene die zorgt en werkt voor een weduwe of een arm mens, is als een strijder omwille van Allah of als iemand die vast, tijdens de dag en de hele nacht bidt."

[*Bukhari #5038 & Muslim #2982*]

Dit zijn enkele onderscheidende aspecten van het eren, respecteren, de zorg voor en ondersteuning van vrouwen volgens de islamitische leer, die de rechten van vrouwen samenvatten. Wij zijn van mening dat vrouwen nooit getuige zijn geweest van deze mate van respect en eer in de hele geschiedenis van de mensheid op aarde. Sommige tradities laten zien dat de islamitische wet nooit misdrijven of misbruiken tegen een vrouw, in welke fase van haar leven heeft getolereerd.

Misvattingen over vrouwen in de Islam

Er zijn heel wat misvattingen grootschalig verspreid over vrouwen en hun rechten in de Islam. Deze misvattingen worden vaak herhaald door sommigen die de Islam en Moslims in een kwaad daglicht willen stellen. Vrouwen zijn de afgelopen eeuwen door de Islam geëerd, gerespecteerd en gewaardeerd. De misdaden van sommigen die afwijken reflecteren niet de principes en wetten waarop de Islam is gebaseerd. Wij zullen een aantal antwoorden presenteren op deze veelvoorkomende misvattingen die gepubliceerd zijn over de rechten van vrouwen in de Islam en de positie van de vrouw in de Islam in het algemeen.

Polygamie/Polygynie in Islam

Trouwen met meer dan één vrouw tegelijkertijd- polygynie[3] - is een gebruik dat zo oud is als de historie van de mens en is toegestaan in het Islamitische recht. Onder andere was polygynie ook een veel voorkomt gebruik bij de oude Hebreeërs, Egyptenaren, Grieken, Perzen, Assyriërs, Japanners, Hindoes, Russen en Germaanse volkeren.

Alle voorgaande geopenbaarde religies beoefende en stonden polygynie toe. Het Oude en Nieuwe testament zijn verreweg de belangrijkste op de lijst van de religieuze boeken die polygynie legaliseert en toepast. Vele van de Profeten van Allah voor de Profeet Muhammad/Mohammed (vzmh) stapten in meervoudige huwelijken.Profeet Abraham had twee vrouwen; Profeet Jacob had vier vrouwen; en Profeet David had negenennegentig vrouwen. Profeet Sulayman had zevenhonderd vrouwen, zij waren vrije edele vrouwen en driehonderd andere vrouwen, zij waren slavinnen. Nergens in de wet van Profeet Mozes wordt er een bepaald aantal vrouwen genoemd waar een man recht op heeft. De samenstellers van de Talmoed, zij leefden rondom Jeruzalem, hebben een bepaald aantal vrouwen genoemd waar een man recht op heeft, sommige Joodse geleerden staan een tweede vrouw of meer alleen toe wanneer de eerste vrouw blijvend ziek is of onvruchtbaar. En sommige Joodse geleerden stonden het hebben van meerdere vrouwen niet toe.

In het Nieuwe Testament van de Bijbel, is Jezus uitverkoren om de wetten van Mozes te voldoen en aan te vullen en wij konden geen enkele citaat in de Bijbel vinden dat meervoudige huwelijken verbiedt. Het verbieden van meervoudige huwelijken in het Christendom kwam alleen voor als een gevolg van wetgeving die gemaakt werd door bepaalde segmenten van de Christelijke kerk, en niet door oorspronkelijke leer van het Christendom zelf.

---

[3] Polygynie is het hebben van twee vrouwen of meer vrouwen tegelijk; polygamie is de praktijk van het hebben van twee of meer echtgenotes of echtgenoten op hetzelfde moment.

Dit is de reden waarom we veel voorbeelden vinden van Christenen die meerdere vrouwen nemen. De Ierse koning, Ditharmet, bijvoorbeeld, had twee vrouwen. Koning Frederik de tweede had twee vrouwen met toestemming van de kerk. Hier mag opgemerkt worden dat het verbod bepaald werd door de priesters van de kerk en niet in overeenstemming was met de algemeen erkende oorspronkelijke wet van Jezus Christus zelf. Maarten Luther, de Duitse priester, de oprichter van het protestantisme, accepteerde meervoudige huwelijken en pleitte vaak en bij vele gelegenheden voor een meervoudig huwelijk.

Voor de komst van de Islam was polygynie een welbekend gebruik onder heidense Arabische stammen. In die tijd was er geen beperking voor het aantal vrouwen waarmee je tegelijk gehuwd mocht zijn, zoals in het geval bij sommige bovengenoemde Profeten. In het Islamitisch recht is het hebben van meerdere vrouwen toegestaan maar er bestaat een beperking van vier vrouwen, ook gelden er specifieke regels rondom deze huwelijken. Er zijn tal van voorbeelden terug te vinden in de authentieke overleveringen waarin de Boodschapper van Allah verplichtingen oplegt aan degene die de Islam heeft geaccepteerd en meer dan vier vrouwen had. Zij moesten vier van de vrouwen uitkiezen en op een eervolle manier van de rest scheiden.

Allah, de meest Barmhartige, zegt;

En als jullie vrezen de weesmeisjes niet rechtvaardig te kunnen behandelen, huw dan (andere) vrouwen die jullie welgevallig zijn; twee, drie of vier. Maar als jullie vrezen niet rechtvaardig te zijn, trouw dan slechts één of wat jullie rechterhand bezit (d.w.z. de slavinnen). Dat nadert meer de preventie (die jullie afhoudt om) onrechtvaardig te handelen. [4:3]

We kunnen terug lezen dat van degene die meer dan één vrouw wil huwen er rechtvaardig en billijk gedrag wordt verwacht. De vrouwen mogen geen onrecht aangedaan worden en mogen geen ongelijke behandeling krijgen.

De Boodschappen van Allah waarschuwde voor favoritisme door te zeggen:

"Hij die twee vrouwen heeft en niet rechtvaardig is tussen hun, op de Dag der Opstanding zal hij komen met een zijde verlamd."

[Abu Dawood#2133 & Tirmidhi #1141 geverifieerd]

Rechtvaardigheid en eerlijkheid is van toepassing op materiële zaken zoals, eerlijke verdeling van de rijkdom, geschenken, tijd enzovoort. Wat betreft emotionele zaken zoals, liefde en het gevoel in het hart voor de vrouwen wordt het volgende gezegd; de mens heeft geen controle over zijn diepe gevoelens en wat hij in zijn hart voelt. Allah de Barmhartige zegt:

En jullie zullen nooit in staat zijn om de vrouwen (geheel) rechtvaardig te behandelen, ook al zouden jullie daarover waken. Dus neig niet volkomen (naar één van de vrouwen) waardoor jullie haar (d.w.z de andere vrouw) als hangend achterlaten (d.w.z noch gescheiden noch getrouwd). En als jullie goed doen en (Allah) vrezen, waarlijk, Allah is dan Meest Vergevingsgezind, Meest Genadevol. [4:129]

'**Aisha**(moge Allah tevreden met haar zijn), de moeder van de gelovigen en de vrouw van de Profeet heeft overgeleverd;

"De Profeet van Allah zou alles eerlijk onder zijn vrouwen verdelen, hij zei toen; ***O Allah! Dit is mijn verdeling van wat ik bezit, O Allah! Beschuldig mij niet voor wat U alleen bezit en niet ik*** *(dat wil zeggen emoties van het hart)."*

Een man die incapabel is zou niet op zoek moeten gaan naar een andere huwelijkskandidaat want hij ia namelijk niet in staat om aan de fundamentele eisen te voldoen. Als hij er zeker van is dat hij financieel niet in staat is om een andere vrouw en huishouden te onderhouden is het niet toegestaan om een andere vrouw te huwen. Hij moet net als een vrijgezel er naar streven om middelen te verdienen zodat hij in staat is om zijn vrouw en kinderen te onderhouden. Allah zegt en dit kan aangenomen worden als een algemene regel;

En laat degenen die niemand (kunnen) vinden om mee te trouwen zich onthouden (va de verdorvenheden, totdat Allah hen rijk maakt middels zijn Gunst. [24:33]

Laten we eens kijken naar een aantal omstandigheden die je in de samenleving tegenkomt. Je kan dan beoordelen of polygynie een goede oplossing is voor de problemen die zich in de samenleving voordoen. Ook kun je beoordelen of polygynie in het voordeel van de vrouw is of nadeel. De volgende situaties bewijzen dat monogamie in veel situaties leidt tot promiscuïteit, prostitutie of echtscheidingen;

1) Wanneer een vrouw onvruchtbaar is en haar man wil graag kinderen, zou hij dan van haar moeten scheiden en een andere vrouw moeten trouwen? Of, als de vrouw er voor kiest om getrouwd te blijven met hem, zou hij dan een tweede vrouw kunnen nemen en hun beiden met dezelfde rechten behandelen? (als zijn wettige echtgenotes?)

2) Als een vrouw chronisch ziek is en zij niet in staat is om haar echtelijke relaties met haar man te onderhouden. Zou hij getrouwd met haar moeten blijven en een tweede vrouw trouwen? De eerst vrouw blijft dan volledig geëerd, er wordt voor haar gezorgd en de echtgenoot voorziet haar van voorzieningen. Of zou hij van haar moeten scheiden?

3) Sommige mannen zijn financieel gezegend en seksueel veeleisend en hebben een krachtig niveau van het hormoon testosteron. Eén vrouw is dan misschien niet in staat om zijn wettige en natuurlijke seksuele verlangen te vervullen. Wanneer de menstruatie of de periode na de geboorte langer duurt dan normaal of als haar seksuele verlangens niet overeenkomen met die van haar man of andere scenario's. Wat is dan het beste voor de zowel de man als de vrouw in dergelijke gevallen? Is het beter als de man gefrustreerd en zijn seksuele verlangen opkropt of op zoek gaat naar onwettige seksuele bevrediging buiten het huwelijk? Of op zoek gaan naar andere wettige echtgenotes die er voor zorgen dat de man kuis en tevreden is.

4) In verschillende delen van de wereld kosten burgeroorlogen en andere rampen vaak meer mannenlevens dan vrouwen. Zelfs als het demografische aantal vrouwen, om verschillende redenen, in de meest landen vaak hoger is. Het best voorbeeld hiervan is waarschijnlijk de Eerste Wereldoorlog en de Tweede Wereldoorlog. Deze oorlogen hebben het leven gekost aan een astronomisch hoog aantal mannenlevens. Miljoenen mannen zijn

overleden omdat zij mee hebben gevochten. In andere oorlogsgebieden zijn de onevenredige overlijden verhoudingen vergelijkbaar. In een dergelijk geval, als iedere man met één vrouw getrouwd is wat zou dan het noodzakelijke lot van de ongehuwde vrouwen zijn?

Wie moet haar sociale, financiële en seksuele behoefte vervullen? Sommige vrouwen kunnen worden verleid om hun seksuele verlangens te bevredigen via onwettige manieren zoals, ontucht, lesbische activiteiten of prostitutie, een destabiliserende factor voor elke samenleving. Een overvloed aan vrouwen zonder man, of mannelijke familieleden die de zorg en bescherming van hun belangen op zich nemen, is een factor die helpt met verspreiding van corruptie en onwettige seksuele activiteiten in samenlevingen. Wat is beter voor de maatschappij en zulke vrouwen? Alleen blijven en blootgesteld worden aan alle consequenties van het leven zonder huwelijk; of aanvaarden dat je tweede vrouw bent van een eerlijke, beschermende, integer en kuise man?

Promiscuïteit bestaat helaas in alle moderne samenlevingen, dient het te worden gelegaliseerd of gedoogd zoals het geval met door de mens gemaakte wetten, met alle sociale gevolgen van dien? In de meeste hedendaagse samenlevingen is alleen een monogaam huwelijk legaal, maar extra relaties zijn wel toegestaan als een sociaal aanvaardbaar substituut voor de hier bovengenoemde situaties, in de vorm van minnaressen, vriendinnen, escortservice, prostitutie en samenwoners. Deze type relaties hebben geen kwaliteiten om op te staan, als het paar niet uiteindelijk wettelijk trouwt, leidt de illegale relatie vaak tot misbruik en conflicten. Deze illegale relaties zijn alleen bedoeld om de seksuele belangen van de twee betrokken partijen te bevredigen, zonder andere taken te vervullen. Er wordt op deze manier misbruik gemaakt van de rechten van de vrouwen in het algemeen. Wettelijk gezien, zijn er geen financiële, sociale of emotionele verplichtingen en als de vrouw zwanger wordt is het haar eigen probleem. De onwettige kinderen zijn zonder steun van een familie soms afhankelijk van het sociale systeem. Mannen, in het algemeen, voelen zich niet verplicht tot vaderschap van het kind, zij zullen zich dus niet financieel verantwoordelijk voelen naar het kind toe. Abortussen verspreiden zich in dit soort samenlevingen. In overeenstemming met de Islamitische wet, geniet een tweede, derde of vierde vrouw alle rechten en privileges van de eerste vrouw zonder enige vorm van onrechtvaardigheid of oneer jegens haar.

Overspel, ontucht en alle buitenechtelijke seksuele relaties zijn streng verboden in de Islam. De Profeet heeft alle maatregelen genomen om de samenleving vrij te houden van deze sociale ziektes die, indien zij zich voordoen op grote schaal, alleen kwaad en verderf brengen voor individuen, gezinnen en de maatschappij in zijn geheel. De volgende traditie toont de Profeet zijn wijsheid en geduld in het overtuigen van een jonge viriele man door welsprekende analogieën te noemen van de onrechtvaardigheid van dubbele standaarden en het kwaad van moewillige verlangens die leiden tot ontucht en overspel. Niemand wil dat zijn eigen vrouwelijke familieleden worden uitgebuit, gebruikt of misbruikt worden, dus hoe kunnen zij het toestaan dat zij zichzelf laten uitbuiten

Een authentieke traditie vertelt:

"Een jonge man kwam naar de Boodschapper van Allah en vroeg:

'O Boodschapper van Allah, Sta mij toe *(met speciale toestemming) om ontucht te verrichten (en overspel).'*

De mensen begonnen hem hard te bestraffen, maar de Profeet zat dicht bij hem en vroeg: **'Zou je dat willen voor je moeder?'**

Hij antwoordde **'Nee, bij Allah, Moge Allah mij offeren voor u!'**

De Boodschapper van Allah zei: **'En deze mensen zouden dat ook niet leuk vinden voor hun moeders,'** *en hij ging verder:* **'Zou je dat willen voor je dochter?'**

'Nee' antwoordde hij.

De Boodschapper van Allah zei: **'En deze mensen zouden dat ook niet leuk vinden voor hun dochter,'** *en hij ging verder:* **'Zou je dat willen voor je tante van vaderskant?'**

'Nee' antwoordde hij.

De Boodschapper van Allah zei: **'En deze mensen zouden dat ook niet leuk vinden voor tante van vaderskant,'** *en hij ging verder:* **'Zou je dat willen voor je tante van moederskant?'**

'Nee' antwoordde hij.

De Boodschapper van Allah zei: **'En deze mensen zouden dat ook niet leuk vinden voor tante van moederskant.'** *En toen plaatste de Profeet zijn hand op de jongen en zei:* **'O Allah vergeef zijn zonden en zuiver zijn hart en maak hem kuis *(versterken en onthouden van seksuele zonden)'."*** [Ahmad#22265 en geverifieerd]

Men zou kunnen zeggen dat deze traditie een praktische toepassing is van de gouden regels zoals vermeld door de Boodschapper Allah:

*"**Niemand van jullie gelooft (echt) totdat hij voor zijn broeder wenst wat hij voor zichzelf wenst."*** [Bukhari #15 &Muslim #44]

Polygynie is in de Islamitische samenleving beperkt tot slechts vier vrouwen; de huwelijken worden legaal uitgevoerd met een goed huwelijkscontract, getuigen enz. De man moet alle financiële lasten en verantwoordelijkheden dragen van zijn vrouwen en kinderen die voorvloeien uit zijn huwelijken. Alle kinderen zijn legitiem en moeten worden verzorgd en opgevoegd onder de verantwoordelijkheid van beide ouders.

Men zou zich misschien afspraken, als we polygynie toestaan voor mannen waarom is polyandrie[4] niet toegestaan voor vrouwen? Het antwoord op deze vraag is eenvoudig, omdat tal van natuurlijke en fysieke redenen, zoals hier boven aangeven, uitsluiten dat dit een haalbare optie is. Mannen in bijna alle samenlevingen van de wereld hebben de positie, overheersing en gezag over de huishoudens vanwege hun natuurlijke gave en kracht. Zelfs indien, omwille van het argument, we afzien van het idee van hun kracht en veronderstellen dat een vrouw twee of meer echtgenoten heeft, zal de vraag rijzen: wie het ultieme gezag en leiding in het huis zal hebben.

---

[4] **Polyandry** is het hebben van meer dan één echtgenoot op hetzelfde moment.

Dit kan tot schadelijke concurrentie leiden, jaloezie, woede en haat onder de echtgenoten en resultaat in een grote breuk in de samenleving. Bovendien, als een vrouw met meer dan één man mocht trouwen, wie is dan de juridische vader van het kind dat zij draagt? En hoe zou het vaderschap overtuigend vastgesteld kunnen worden? Wat zou er gebeuren met de demografie van de maatschappij na een aantal generaties van deze regeling? Zouden de mannen in staat zijn hun kuisheid binnen de huwelijke geloften te houden in dergelijke regelingen met een vrouw of zou hij verleid worden tot promiscuïteit? De antwoorden op deze vragen zijn duidelijk. Omdat een vrouw ongeveer één keer per jaar zwanger kan zijn door slechts één man tegelijk en een man van nature meer dan één vrouw op een continue basis kan bevruchten, volgt daaruit dat het meer logisch en natuurlijk is dat de man meer dan één vrouw kan huwen en de vrouw niet meer dan één man.

Vooral in polygynie is de man verantwoordelijk voor de voorzieningen van al zijn vrouwen en kinderen, wat alles op orde houdt. Terwijl dit niet het geval is in polyandrie, dus het is onpraktisch vanuit elke denkbaar oogpunt.

De volgende verklaringen zijn van sommige westers denkers die polygynie eisen en het zien als de enige oplossing voor de problemen waarmee zij geconfronteerd warden in hun samenlevingen.

Gustav Le Bon, een bekende Franse denker, zegt in zijn boek *Arabic Civilization*:

"Polygynie maakt het mogelijk voor de samenleving om sociale crisis te verminderen, het voorkomt het probleem van de minnares en geneest de samenleving van buitenechtelijke kinderen."

Annie Besant, in haar boek over *Indian Religions* zegt:

"Ik las in het Oude Testament dat de beste vriend van Allah, wiens hart gevuld is met de wil van Allah, een polygamist was. Bovendien heeft het Nieuwe Testament polygynie niet verboden. Behalve voor de priesters of predikanten van de kerk, die waren verplicht om met één vrouw samen te zijn en te blijven. In oude Indiase religieuze boeken is ook terug te lezen dat polygynie is toegestaan. Het is gemakkelijker, om anderen te bekritiseren om hun religieuze praktijken. De is Islam wordt beschuldigd en aangevallen voor het toestaan van polygynie. Het is echter vreemd dat westerlingen tegen de beperkte en begrensde polygynie van de Moslims zijn, terwijl de samenleving op grote schaal last heeft van prostitutie en promiscuïteit. Wanneer een onderzoekende blik wordt geworpen op... Uit onderzoek blijkt dat... de westerse samenleving ......dat slechts een paar zuivere, kuise en eerlijke mannen hun zuivere huwelijk met één vrouw respecteren en geen andere seksuele relatie buiten het huwelijk om hebben. Het is onjuist en inaccuraat om een gemeenschap als monogaam te beschrijven, terwijl de mannen getrouwd zijn met één wettige vrouw en daarnaast minnaressen, vriendinnen en andere vormen van seksuele relaties hebben. Als we eerlijk en rechtvaardig zijn, zullen we zien dat polygynie in de Islam de vrouwen in de samenleving, beschermt, onderscheidt, onderhoudt en respecteert. Polygynie is beter dan de westerse prostitutie die toestaat om een minnares of een vriendin te hebben om zijn seksuele verlangens te vervullen zonder respect voor de gevoelens, emoties, behoeften en de eer van de vrouwen. De man zal de vrouw verloochenen zodra zijn behoefte is vervuld. De man heeft geen sociale verbintenis of verplichting jegens de minnares of vriendin. Ze is alleen bedoeld om zijn seksuele behoefte van dat moment te vervullen en geeft hem gezelschap dat hij tijdelijk nodig

heeft. Hoewel sommige mensen verklaren zowel polygynie, ontucht en prostitutie slecht en onaanvaardbaar te vinden, is het oneerlijk van de niet-moslim om een moslim van iets beschuldigen wat hij zelf ook doet en wat de samenleving accepteert en vergoelijkt.

Jawad, een bekende Engelse geleerde, zegt,:

"Het stijve Britse systeem dat polygynie verhindert is een oneerlijk en onacceptabel systeem. Het schaadt zo'n twee miljoen vrouwen die nu oude vrijsters zijn geworden. Deze vrouwen zijn hun jeugd verloren en worden beroofd van de kans op het krijgen van kinderen. Deze vrouwen worden gedwongen om hun morele waarden weg te gooien alsof het niks is."

Mobenar, een lid van het voormalige Franse parlement merkt op:

"Er zijn twee en half miljoen Franse meisjes die geen man kunnen vinden, als we er van uit gaan dat elke Franse jongeman één vrouw trouwt. Ik geloof oprecht dat 'een vrouw niet kan genieten van een gezond leven, tenzij zij moeder wordt'. Ik geloof dat elke wet die een oordeel velt dat zovele leden van een maatschappij zouden moeten leven terwijl ze in tegenstrijd leven met, en bezig zijn met het veronachtzamen van de natuurlijke wetten van de mens op de aarde, maar een wrede en beestachtige wet is die de meest simpele betekenis van rechtvaardigheid en eerlijkheid tegenspreekt."

In 1959, publiceerde de Verenigde Naties een speciale uitgave met de volgende vermelding:

"Deze publicatie heeft bewezen, door cijfers en statistieken, dat de hele wereld geconfronteerd wordt met een groeiend probleem; er zijn meer buitenechtelijke kinderen dan wettige kinderen. Het aantal buitenechtelijke kinderen is in sommige landen toegenomen met 60 %. In Panama, bijvoorbeeld, is het percentage buitenechtelijke geboorten gestegen tot 75 % van het totaal aantal geboorten van het land. De betekent dat drie op de vier kinderen geboren wordt buiten het huwelijk, onwettig is. Het hoogste percentage buitenechtelijke geboorten is in Latijns-Amerika."

Tegelijkertijd, wijst de publicatie uit dat het aantal onwettige geboorten in de Islamitische wereld vrijwil nihil is (in vergelijking met andere landen). De redacteur van de publicatie geeft aan dat de Islamitische landen worden beschermd tegen dergelijke maatschappelijke problemen en ziektes omdat de mensen polygynie in de praktijk brengen.

Kracht van Voogdij in het huwelijkscontract

Uit de Islamitische jurisprudentie blijkt dat een vereiste voor een gezond huwelijk is de totale toestemming van de betrokken vrouw.

De Profeet van Allah zei:

"Een 'ayyim' (een gescheiden of een weduwe) **mag niet worden getrouwd, tenzij zij wordt gevraagd en haar goedkeuring geeft. En een maagd mag niet worden getrouwd, tenzij zij wordt geraadpleegd."*

Er werd gevraagd: *"O Boodschapper van Allah, Hoe weet je dat ze toestemming geeft?"*

Hij zei: *"Als zij zwijgt."* [Bukhari #4843 & Muslim #1419]

Als een vrouw wordt gedwongen om een ongewenst huwelijk te accepteren, is zij gerechtigd om haar zaak te bepleiten en om een nietigverklaring te vragen bij een moslim rechter. Een vrouw die naar de naam **al-Khansa bint Khadam** luistert, die eerder getrouwd was (zij is nu gescheiden of weduwe), ging klagen bij de Boodschapper van Allah dat haar vader haar had gedwongen om een persoon die zij verachte, te trouwen. Hij heeft dit afgekeurd en heeft het huwelijk ongeldig verklaard.[5]

Een andere vereiste is dat zij niet trouwt zonder haar voogd. Haar vader, of in het geval van overlijden, haar grootvader, oom van vaderskant, broer of zelfs haar volwassen zoon, of de heerser van de staat, moeten handelen als haar voogd in deze zaak om ervoor te zorgen dat haar rechten worden beschermd en het huwelijkscontract ondertekend samen met haar handtekening. Zijn rol is om er voor te zorgen dat de bruidegom oprecht is, dat ze een goede bruidschat krijgt en dat er twee getuigen zijn, dat zij moedwillig het huwelijk accepteert. Al deze maatregelen zijn er om haar rechten en de heiligheid van het huwelijk te beschermen.

De Boodschapper van Allah maakte zich volledig duidelijk toen hij zei:

"Er is geen huwelijk zonder voogd."

[*Abu Dawood #2058 & Tirmidhi #1101 en geverifieerd*]

En in een andere versie:

"Er is geen huwelijk zonder voogd, en de heerser is voogd is voor degene die geen voogd hebben."

[Ahmad #2260 & Ibn Maajah #1889 en geverifieerd]

Als zij wegloopt met haar geliefde en trouwt zonder voogd, wordt dit huwelijk als onrechtmatig beschouwd, zoals de Profeet verklaard:

"Elke vrouw die getrouwd is zonder de toestemming van haar voogd; haar huwelijk is nietig , haar huwelijk is nietig, haar huwelijk is nietig. En als hij het huwelijk heeft geconsumeerd dan moet zij een bruidschat van hem krijgen, voor hetgeen dat hij wettig heeft gemaakt van haar privé delen en als zij een geschil hierover krijgen is de voogd de heerser voor degene die geen voogd hebben."

[*Abu Dawood #2083 & Tirmidhi #1102* en geverifieerd]

---

[5] Vastgelegd door *Bukhari* #6546.

Zoals hierboven genoemd in de rechten van de dochters, of zij nu maagd is of niet, het recht van een vrouw is het accepteren of afwijzen van een huwelijksaanbod. De regels rondom de voogdij zijn alleen bedoeld om haar belangen te beschermen. Het feit dat de heerser of gouverneur haar wettelijke voogd wordt is om te verzekeren dat alles in orde is en dat er geen onrecht gepleegd en versterkt de heiligheid van het huwelijk en haar rechten in de Islam.

Omdat de vrouw in een positie blijft van natuurlijke zwakheid, worden er in de Islamitische jurisprudentie beginselen en wetten neergelegd om haar belangen en welzijn te beschermen en haar te behouden. De vader, de moeder en andere betrokken familieleden indien nodig, helpen met het selecteren van de juiste en meest geschikte man voor haar. Iedereen wil het beste voor haar en niemand wil dat zij dat zij het slachtoffer wordt van een mislukt huwelijk. Het doel van een huwelijk is om een eeuwige relatie tussen een man en een vrouw te creëren en om een liefdevol en goed huis voor de kinderen te vestigen en niet louter om bevrediging voor bepaalde gevoelens. Vrouwen zijn over het algemeen emotioneler dan mannen en gemakkelijker geroerd en aangetrokken tot uiterlijkheden in plaats van de diepere oorzaken van dingen.

Islamitische jurisprudentie geeft het recht aan de voogd om een voorstel van de huwelijkskandidaat te weigeren en af te wijzen als hij niet wordt beschouwd als een gezonde en oprechte kandidaat. De mannelijke voogd heeft in dit geval alleen maar de natuurlijke rol gekregen van autoriteit en verantwoordelijkheid. Bovendien, kan niet ontkend worden dat mannen een betere mogelijkheid hebben om kwaliteiten van de andere mannen op bepaalde gebieden waar te nemen en beter zijn in het vinden van kenmerken bij een man die passend zijn bij zijn dochter of vrouw die onder zijn verantwoording of voogdij staat.

Uiteraard zoekt hij raad van de vrouw en andere betrokken vrouwen bij de selectie van de bruidegom. Indien een geschikte man een huwelijksaanzoek doet en de voogd weigert zonder geldige reden, dan kan de voogdijschap aangevochten worden in de rechtbank. De voogdij wordt dan gegeven aan het dichtstbijzijnde verantwoordelijke mannelijke familielid van de vrouw, of, in het geval ze geen verantwoordelijke mannelijke familieleden heeft, accepteert de Islamitische rechter de voogdij.

In het uiteindelijke oordeel, is de daadwerkelijke meting van een geschikte match in het huwelijk volgens een verklaring van de Profeet van Allah:

> *"Als een persoon naar je toe komt en je een huwelijksvoorstel doet en je bent tevreden over zijn religie en karakter, trouw dan met hem. Als je dit niet doet, zal er grote onderdrukking op de aarde plaats vinden en corruptie zal wijdverspreid zijn."*

[*Tirmidhi #1085* en geverifieerd]

Een man met een gezond en goed begrip van zijn Islamitische plicht, en met goede morele normen zal zijn vrouw eren en haar verheffen en haar met fatsoen behandelen ook als hij niet van haar houdt.

Financiële en morele verantwoordelijkheden van het huishouden

Allah, de Verhevene, vermeldt in de Glorieuze Koran:

Mannen zijn de onderhouders van de vrouwen, omdat Allah de één boven de ander heeft bevoorrecht, en omdat zij van hun bezittingen uitgeven (om de vrouwen te onderhouden). [4:34]

Dit vers benadrukt dat de financiële en morele verantwoordelijkheden van het huishouden de verantwoordelijkheid van de man is. De natuurlijke, fysieke en sociale kwaliteiten van mannen zorgen er voor dat zij deze verantwoordelijkheden op zich kunnen nemen, zij zijn van de sterkere geslacht en fysiek fit om te werken en vrij van de last van menstruatie, zwangerschap, borstvoeding en opvoeden van jonge kinderen. De man is de "hoeder" zijn van eigen huishouden – een herder van zijn kudde zoals eerder genoemd– en hij zal gevraagd worden en verantwoording moeten afleggen over al deze verantwoordelijkheden. Vrouwen zijn door hun natuurlijke samenstelling het zwakkere geslacht, en biologisch, emotioneel en sociaal gebouwd voor hun rol als drager van kinderen en huisvrouw.

Zij zijn meer gezegend met een intuïtie en emotionele intelligentie. Dit is hun natuurlijke vrouwelijke rol die volledig is geëerd en beschermd. Mede door de pijn en de lasten van de menstruatie, zwangerschap, bevalling, verzorging en continue zorg voor de kinderen is het vereist voor een vrouw om vaker periodes van rust te nemen. Zij zijn daarom niet verplicht om aanvullende financiële en beroepsgerichte taken voor de levensbehoeften op zich te nemen. Al deze zorgen zijn van invloed op de mentale toestand van een vrouw en zal te zien zijn in haar leven, houding en gedrag. Dit is een natuurlijke staat voorgeschreven in vele beschavingen, maar vaak met vele onrechtvaardigheden, zoals eerder vermeld.

'Abbas Mahmoud al-'Akkad, een bekende Egyptische schrijver schrijft:

"Vrouwen hebben een bijzondere emotionele samenstelling die niet lijkt op de emotionele samenstelling van een man. Het samenzijn met een klein kind of een kind vraagt veel gelijkenis tussen de mentaliteit van het kind en zijn opvoeder, de moeder. Zij moet begrijpen wat hij wil, wat hij nodig heeft en hoe hij denkt en wat hij voelt. Een vrouw kan beter inspelen op emoties en kan daarom aan deze eisen voldoen. Dit maakt het moeilijk voor een vrouw, in vergelijking met de man, om stevig, woest en vastbesloten te zijn wanneer nodig."

Dr. Alex Liberelle, een Nobelprijswinnaar, zegt terwijl zij de natuurlijke organische verschillen tussen mannen en vrouwen illustreert:

"Zaken die onderscheid maken tussen een man en een vrouw zijn niet beperkt tot de seksuele organen, de aanwezigheid van de baarmoeder en zwangerschap. De verschillen zijn ook terug te zien in de verschillen van lesmethoden van mannen en vrouwen. In feite zijn dit de fundamentele verschillen. De weefsels van de lichamen zijn verschillend. De chemie van de organen is ook verschillend. Bepaalde klieren scheiden bepaalde

afscheidingen uit/af die alleen geschikt zijn voor een specifiek geslacht. De vrouw is volledig verschillend van de man in termen van de chemische stof die afgescheiden wordt uit de eierstokken in het lichaam van de vrouw."

Degenen die pleiten voor volledige gelijkheid tussen mannen en vrouwen negeren de fundamentele feiten en essentiële verschillen. Voorvechters van gelijk rechten voor vrouwen eisen hetzelfde type onderwijs voor zowel mannen als vrouwen, dezelfde soorten banen, taken verantwoordelijkheden en aanbod van posities enz. Deze absurditeit verwaarloost de natuurlijke, essentiële, mentale, emotionele en sociale kenmerken van de vrouw. Elke cel van het lichaam van een vrouw heeft vrouwelijke kwaliteiten, ondersteund door vrouwelijke hormonen, net als een man zijn karakteristieke eigenschappen en hormonen heeft. Zijn zij misschien blind hiervoor als wij willen dat mannen en vrouwen gelijk zijn?

Ze zien niet dat elk orgaan van iedere man en vrouw uniek zijn en verschillend zijn van elkaar. Het mannelijke en vrouwelijke zenuwstelsel functioneert specifiek om te helpen met het vervullen van hun rol in het leven. We moeten de natuurlijke wetten en bewegingen aanvaarden zoals ze zijn, zonder te proberen om ze te veranderen. Voor hun eigen bestwil, moeten zowel mannen als vrouwen bouwen op hun natuurlijke talenten en gaven en nooit afwijken door het imiteren van die van het andere geslacht. Dit zal enkel leiden tot misbruik van zichzelf en anderen. Een andere factor is dat het een feit is dat de botstructuur en spieren van mannen van nature zwaarder en sterker zijn van die van vrouwen.

Mannen kunnen daarom meer bewerkelijk en handmatig werk uitvoeren, vrouwen zijn fysiek niet in staat om dat vergelijkbare fysieke uithoudingsvermogen te tonen. Dit is nog een bewijs dat mannen van nature zijn uitgerust en gekwalificeerd om de rol van leiderschap op zich te nemen en de verantwoordelijkheden van de financiële en beroepsgerichte lasten van het huishouden op zich te nemen. Uiteraard in overleg met hun beste tweede helft, hun vrouwen, wat ook een algemene regel in de Islam is, zoals eerder vermeld.

Over eerwraak

In sommige traditionele op stammen gebaseerde samenlevingen, heeft de man een dominante rol boven de vrouw. Wanneer zijn eer is aangetast door promiscuïteit van haar kant, zelfs zonder behoorlijke verificatie, wordt zij gedood om zijn eer te beschermen. Deze situatie is breed uitgemeten in de media omdat sommige gewetenloze mensen dit blijven doen en anderen toelaten om hier mee verder te gaan.

Het antwoord hierop is simpel. Om te beginnen, is het niet toegestaan om het recht in eigen handen te nemen, te straffen op deze manier en op basis van niet-geverifieerde beschuldigingen van promiscuïteit. De regels van de getuigenis in de Islam zijn erg streng. Daarom is dit een directe schending van de Islamitische wet. Indien de rechter beoordeelt, na afweging van alle omstandigheden en ontvangen overtuigend bewijs, dat het gaat om moord met voorbedachte rade, wordt er onder de Islamitische wet bestraft met gelijke vergelding. De ongelukkige realiteit is dat omdat de seculiere wetten in deze landen en politici de stammen en andere leiders 'kalmeren' met politieke voordelen, deze onrechtmatige gewoontes nog steeds worden uitgevoerd. Als de Islamitische wetten zouden worden opgesteld en uitgevoerd, zouden de strenge straffen voor ontucht, overspel, moord enz. de Moslimbevolking het gevoel geven dat er recht is gedaan en dit zou het gevoel voor wraak willen nemen, doen afnemen.

Vermogen tot echtscheiding ligt bij de echtgenoot

In pre-Islamitische tijden was de echtscheiding een wapen tegen de vrouw in de handen van de man. Wanneer hij de vrouw wilde schaden, scheidde hij van haar en nam hij haar terug wanneer hij dat wilde. Er waren geen vaste regels en de vrouw had geen rechten in deze zaak. Allah (ﷻ) wilde deze respectloze praktijken tegengaan en onthulde het volgende vers:

De scheiding is twee maal, daarna behoud je haar volgens redelijke voorwaarden of je laat haar op een goede manier gaan. [2:229]

Een manier om het huwelijk te behouden, zelfs wanneer er verschillen optreden, is dat een Moslim man volgens de Soenna gebruiken volgens de Profeet ( ), alleen van zijn vrouw mag scheiden wanneer zij vrij is van menstruatie en wanneer er geen gemeenschap heeft plaats gevonden in die maand. Aangezien dit enige wachttijd vereist geeft dit de mogelijkheid om de woede te laten verdwijnen en misverstanden uit de wereld te helpen. Het geeft ook tijd aan andere familieleden of bemiddelaars om te helpen in de verzoening. Als ze de scheiding echt willen doorzetten moeten zij drie menstruatie perioden wachten.

Gedurende deze periode kan hij 'haar terug nemen' in het eervolle huwelijk. Dit zal geteld worden als de eerste scheiding en terugkeren. Als de tijd verstreken is en hij neemt haar niet terug, dan is de vrouw gescheiden voor de eerste keer en is zij vrij om een andere man te trouwen. Haar eerste man mag haar hertrouwen met een nieuw contract, als zij beiden voor deze optie kiezen. Als hij haar terug hertrouwt en dan weer van haar scheidt, kan hij 'haar terug nemen' binnen de drie menstruatie perioden dit zal dan de tweede keer scheiden en terug keren zijn. Als er na de tweede keer scheiden en terug keren nog een scheiding volgt heet dit de finale en splitsende echtscheiding.

Het is voor hen niet toegestaan om te hertrouwen tenzij de vrouw de opgegeven tijd van drie menstruele cycli hanteert en uit vrije wil met een andere man trouwt zonder dat zij dit doet om weer met haar vorige echtgenoot te kunnen trouwen. Als zij om welke reden dan ook, gaat scheiden van die man, alleen dan, en op voorwaarde dat er van te voren niks is afgesproken om deze regel te omzeilen, dan mag zij opnieuw trouwen met de eerste man. Al deze maatregelen zijn bedoeld om de familie en onschendbaarheid van het huwelijksband te beschermen evenals de rechten van de man en vrouw.

De wachtperiode is om vast te stellen of de vrouw zwanger is. Als de vrouw zwanger is, moet de vrouw wachten tot na de bevalling voordat zij met een andere echtgenoot mag trouwen.

Echtscheiding is uiteindelijk toegestaan in de Islam om te ontvluchten aan schadelijke situaties veroorzaakt door onverenigbare verschillen. Het kan in bepaalde gevallen noodzakelijk zijn. Er zijn strikte regels verbonden aan de echtscheiding om de belangen en rechten van de betrokken partijen te beschermen; de man, vrouw en kinderen. Sommige daarvan zijn hierboven vermeld.

Scheiden kan mogelijk verboden zijn wanneer het niet het probleem oplost en één of allebei de huwelijk partners ernstige schade toebrengt zonder dat er een voordeel uit gehaald wordt.

Islamitische jurisprudentie verplicht om echtscheiding te vermijden, oplossingen moeten worden gezocht wanneer er kritische geschillen en verschillen voorkomen tussen man en vrouw; Allah, de Verhevene, zegt in de Glorieuze Qur'an:

En als een vrouw van haar echtgenoot weerzin of afkeer (jegens haar) vreest, dan treft hen beiden geen blaam als zij onderling tot een verzoening komen. En de verzoening is beter. [4:128]

Allah, de Verhevene, zegt ook:

En als jullie een breuk vrezen tussen hen beiden (d.w.z. tussen de echtgenoten), wijs dan een bemiddelaar van zijn familie en een bemiddelaar van haar familie aan. Als zij (oprecht) verzoening nastreven, dan zal Allah hen nader tot elkaar brengen. Waarlijk, Allah is op de hoogte (van alles), Alwetend (over het verborgene). [4:35]

Eén van de meest natuurlijke en logische manieren om een succesvol huwelijk te behouden is om de man meer controle te geven over het scheidingsproces dan de vrouw. De man is financieel verplicht om te zorgen voor zijn vrouw, het huishouden, het gezin en is eind verantwoordelijk voor hun welzijn. Daarom moet hij rationeel de situatie, ernstige gevolgen, de enorme financiële en emotionele schade beoordelen die uit de echtscheiding zullen voortvloeien. De man zal de bruidschat die hij heeft ingebracht in het huwelijk verliezen en moet de alimentatie en kinderalimentatie betalen en daar bovenop zal hij een nieuw huwelijk moeten financieren. Met al deze overwegingen zal hij, (als hij een goede moslim is), niet handelen uit snelle woede, wispelturigheid of tijdelijke emotie.

Een man is meer in staat – althans in theorie- de controle over zijn schommelende emoties en persoonlijke reacties te bewaren wanneer hij van slag raakt over de kleinere zaken in het leven, vooral in termen van geschillen met zijn vrouw. Echtscheiding mag nooit het snelle antwoord zijn op soms moeilijke momenten, misverstanden of verschillen in standpunten. Het mag alleen als laatste redmiddel en laatste oplossing wanneer het leven samen gevaarlijk problematisch en ondraaglijk wordt en wanneer beide echtelieden bang zijn dat ze niet meer in staat zijn zich aan de grenzen, van respectabel gedrag naar elkaar toe, te houden die door Allah en Zijn Profeet gesteld zijn.

Islamitische jurisprudentie maakt het voor de vrouw mogelijk om het huwelijk nietig te laten verklaren wanneer de man haar fysiek of verbaal misbruikt. Ze heeft ook het recht om het huwelijk nietig te laten verklaren met de volgende algemene redenen;

a) Indien de man impotent is en zijn echtelijke plicht niet kan uitvoeren,

b) Of als de man om welke reden dan ook, weigert seksuele betrekkingen met zijn vrouw te hebben en haar rechtmatige behoeften niet vervult,

c) Of wanneer de man getroffen wordt door een invaliderend terminale ziekte na het huwelijk,

d) Of bij het krijgen van elke type van geslachtsziekte of reproductieve ziekte die de vrouw kan schaden of er voor zorgt dat zij haar wil verliest om bij haar man te zijn.

Zo zien we dat de vrouw het recht krijgt om van haar man te scheiden met een legitieme reden in vele situaties. Precies zoals de man het recht heeft gekregen om te scheiden van zijn vrouw. Als bij de vrouw de uiterste grenzen van geduld zijn bereikt en ze haar man verafschuwt en het gevoel krijgt dat het leven voor haar ondragelijk wordt heeft zij het recht om van hem te scheiden. Deze vorm van scheiden wordt nietigverklaring genoemd of "Khul'a", de vrouw betaalt een vergoeding door middel van het geven van haar bruidschat of een andere bezitting. Een bevoegde Moslim rechter zal kijken naar het individuele geval als de man weigert het verzoek van de vrouw te accepteren. Als het verzoek als redelijk en geldig wordt beschouwd, zal het oordeel in het voordeel van de vrouw zijn.

Erfrecht van de vrouw

Allah, de Verhevene, vermeldt in de Glorieuze Koran:

Allah beveelt jullie betreffende (het verdelen van de erfenis onder) jullie kinderen dat (het deel) van de zoon gelijk is aan het deel van twee dochters. [4:11]

Degenen die de Islam verkeerd begrijpen beweren dat de Islam onrecht doet aan de vrouwen op het gebied van erfrecht. Zij zijn van mening dat het oneerlijk is om de man het dubbele te geven van wat de vrouw krijgt omdat zij kinderen zijn van dezelfde ouders. Allah, de Verhevene, biedt een volledig en gedetailleerde systeem in de Koran en Soenna over het vrouwen erfrecht. Als een onpartijdige student kennis gaat opdoen over het erfrecht van de vrouwen, zal hij of zij dan overtuigd worden van zijn ongelijk.

Om te beginnen, heeft Allah vastgesteld hoe om te gaan met alle erfenissen van alle familieleden met betrekking tot hun relatie met de overledene. Zoals Hij de meest Wijze zegt:

《 De mannen komt een deel toe van wat de ouders en de verwanten nalaten. En de vrouwen komt een deel toe van wat de ouders en verwanten nalaten, ongeacht of het weinig of veel is. Het is een vastgesteld deel. [4:7]

Allah heeft drie opties voor de verdeling van de erfenis van de vrouw genoemd:

a. De vrouw zal een gelijk aandeel krijgen als de man.

b. De vrouw zal een gelijk aandeel krijg als de man, of een beetje minder.

c. De vrouw zal de helft van het aandeel krijgen van wat de man krijgt.

Dit betekent dat haar aandeel bestaat uit minimaal de helft. In overweging nemend dat de vrouw geen voortdurende financiële verantwoordelijkheden heeft voor een kind, zus, vrouw of moeder, omdat deze verantwoordelijkheden altijd bij de mannen van de familie ligt, is dit dus een erg gul aandeel .

Degenen die geïnteresseerd zijn in de details over dit onderwerp kunnen discussies terug lezen in boeken met dit specifieke onderwerp genaamd *"The science of inheritance and division of the estate"*. In deze boeken is terug te lezen hoe om te gaan met alle verschillende manieren om een erfenis te verdelen en wat het juiste aandeel van alle familieleden is volgens de Koran en de Soenna. Voorafgaand aan het doen van uitspraken over "oneerlijke behandeling in de Islam van de vrouw als het gaat om erfrecht" zou men dit onderwerp nader moeten onderzoeken.

In contrast tot alle andere samenlevingen, stipuleert Islamitische jurisprudentie de regels en voorschriften over alle aangelegenheden van de mens, van groot naar klein, om harmonie in het leven te brengen. Zoals een persoon specifieke instructies heeft voor hoe hij zijn leven zou moeten leven en hoe hij zijn geld hoort te besteden zijn er ook regels voor wat er met zijn rijkdom gebeurt na het overlijden. In tegenstelling tot andere sociale systemen, kan een persoon over het algemeen doen met zijn rijkdom wat hij wil, echter verbindt de Islamitische wetgeving bepaalde restricties aan het opstellen van een testament. 1/3 van zijn rijkdom kan hij door middel van een testament vrij besteden aan wie en hoe hij wil, de rest wordt verdeeld volgens het erfrecht afgeleid uit de Koran.

In een bekende hadith kunnen we het volgende lezen; de metgezel **Sa'ad ibn Abi Waqqas** was ziek en deed het verzoek om het grootste deel of tenminste de helft van zijn rijkdom weg te geven als liefdadigheid, aangezien hij erg rijk was en maar één dochter had. De boodschapper van Allah (ﷺ) verbood hem dit en stond toe dat hij een derde weggaf, en zei:

> *"Een derde en een derde is veel, en het is beter om uw erfgenamen te verlaten en rijk achter te laten dan dat zij behoeftig zijn en moeten bedelen bij de mensen. Je zal niks uitgeven zonder Allah's toestemming, maar je word beloond voor de uitgaven die je doet, zelfs voor het voeden van je vrouw."*

[*Bukhari #2591 & Muslim #1628*]

Een belangrijk punt om op te merken is dat in veel beschavingen, door de mens gemaakte wetten van erfrecht de gril zijn van een machtige individu: onterecht geven en ontnemen, wanneer het hen uitkomt. Bovendien, is in deze samenlevingen vaak geen wet die de man verplicht financiële verantwoordelijkheden te nemen en de vrouw hiervan ontlast.

Aan de andere kant, volgens de Islam, is een man verplicht om zorg te dragen voor de gehele financiële behoeften van de vrouwelijke gezinsleden van de familie tot ze getrouwd zijn. Vanaf het moment dat een vrouw trouwt, is haar man financieel verantwoordelijk voor haar. Na de dood van de man, is de zoon of een ander mannelijk familielid verplicht om de zorg op zich te nemen van de weduwe.

Een "eerlijke", "juiste" en "gelijk" verdeling van de erfenis voor zowel mannelijke als vrouwelijke moslims, die niet gelijke financiële verplichtingen en verantwoordelijkheden hebben is een oneerlijk en onrechtvaardige verzoek. Het is juist eerlijk en rechtvaardig om de voorkeur te geven aan een mannelijke erfgenaam boven een vrouwelijke, met het oog op zijn financiële verantwoordelijkheden. Alles bij elkaar opgeteld en het feit dat een vrouw nog steeds recht heeft op een half deel en soms een gelijk aandeel van de erfenis van wat de man ontvangt in de Islamitische wet, is eerlijk, rechtvaardig en gul.

Gustave Le Bon zegt in zijn boek *Arab Civilization*:

> *"De principes van de erfenis die zijn vastgesteld in de Koran hebben een grote mate van rechtvaardigheid en eerlijkheid. Degene die de verzen uit Koran leest die ik citeer zal de principes rechtvaardigheid en eerlijkheid waarnemen. Ik wil u ook wijzen op de grote mate van efficiëntie in termen van algemene wetten en regels die zijn afgeleid van deze verzen. Ik heb het Britse, Franse en Islamitische erfrecht met elkaar vergeleken en zie dat de Islam de vrouwen rechten verschaft rondom het Erfrecht, die in onze wetten ontbreken, terwijl westerlingen er van overtuigd zijn dat de Moslim man de vrouwen slecht behandelt."*

Tevens, in overeenstemming met de Islam, dienen de mannen van de familie de kosten die voorvloeien uit de betaling van "bloedgeld" voor hun rekening nemen. Dit is een ander onderwerp dat we later zullen bespreken.

Getuigenis van de vrouw

Allah, de Verhevene, vermeldt in de Glorieuze Koran (Koran):

> **En laat twee getuigen van onder jullie mannen (hiervan) getuigen. En als er geen twee mannen zijn, dan één man en twee vrouwen, die jullie als getuigen goedkeuren, zodat als één van hen (d.w.z. van de twee vrouwen) zich vergist, de andere haar kan herinneren. [2:282]**

Allah verduidelijkt om de rechten van anderen te beschermen dat getuigenissen niet geldig zijn, tenzij twee mannen, of één man en twee vrouwen hun bevestigen.

Goddelijke wijsheid heeft vrouwen, in het algemeen, zeer gevoelige emoties, tedere gevoelens, en een aanleg voor zorg en liefde voor de andere leden van familie gegeven. Dit maakt een vrouw in staat om haar natuurlijke taak van bevallen, verzorging en het zorgen voor de behoeften van het jonge kind enz. op zich te nemen.

Op basis van deze emotionele kenmerken van de vrouw, zou het goed mogelijk kunnen zijn dat zij zich laat leiden door haar emoties en afdwaalt van de harde realiteit omdat zij emotioneel betrokken is bij een zaak. De natuurlijke gevoelens die een vrouw heeft, liefdevol en vriendelijk, kunnen er voor zorgen dat wanneer zij ergens getuige haar gevoelens met haar op 'de loop' gaan en ze erg overstuur raakt en dus niet zeker is van haar getuigenis.

Tegelijkertijd, (is wetenschappelijk aangetoond) dat vanwege de biologische veranderingen die optreden in haar lichaam te wijten aan de menstruatie, zwangerschap, bevalling en postnatale toestand, deze de scherpte van haar geheugen kunnen verminderen en er voor kunnen zorgen dat zij details vergeet van het probleem.

Daarom heeft Allah uit voorzorg maatregelen hiervoor opgesteld om een tekortkoming van de vrouw te elimineren in geval van getuigenis. We willen graag benadrukken dat één van de essentiële beginselen van het wettelijke en juridische systeem van de Islam is dat wanneer er sprake is van een gerede twijfel in de zaak, de zaak niet geldig is voor een procedure. Daarom, is de kracht van twee vrouwelijke getuigen bedoeld om die twijfel weg te halen.

Naast de getuigenis die de rechten van andere mensen aangaat, heeft de Islam de vrouw volledige financiële vrijheid gegeven. Zij is op dit gebied onafhankelijk en mag financiële besluiten nemen, dit maakt haar exact gelijk aan mannen. Echter, de natuurlijke rol van de vrouw in het leven, het opvoeden van kinderen en de zorg voor het gezin vraagt van haar om langer in huis te verblijven in vergelijking met mannen. Dit limiteert haar kennis en ervaring op financieel gebied.

Het is een valse beschuldiging als er wordt gezegd dat de getuigenissen en getuigen van twee vrouwen gelijk moet zijn aan één man in sommige gevallen, en dat dat een belediging voor de intelligentie van de vrouw en een schande voor haar integriteit zou zijn. Als dat het geval was, dan zou een getuigenis van één vrouw ook niet in andere vrouwen zaken aanvaardbaar zijn. Islamitische jurisprudentie accepteert een vrouwelijke getuigenis in alle privé aangelegenheden zoals, het bevestigen van de maagdelijkheid van een vrouw, bevalling van een kind, verduidelijking van de vrouwelijke seksuele gebreken en andere geschillen die onderzoek moeten worden. Tegelijkertijd, verwerpt de Islamitische wet de getuigenis van één persoon in significante financiële zaken zoals het verstrekken of lenen van fondsen en andere transacties. Bij dit soort zaken moeten er twee mensen aanwezig zijn. In kritische ernstige gevallen, waarbij de getuigenis van een vrouw moet worden verdubbeld tot stand gekomen om de rechten van personen in de samenleving te behouden en de rechten van individuen in de samenleving te bewijzen. En wel omdat de getuigenis gebaseerd moet zijn op betrouwbaarheid en onweerlegbaarheid.

Merk op dat in Islamitische wetgeving, de getuigenis niet wordt gezien als een privilege maar als een last die velen proberen te vermijden. Vanwege deze reden heeft Allah (ﷻ) de mens bevolen om hun getuigenissen aan te bieden en om er niet voor weg te lopen of achter te houden. Allah heeft in de Glorieuze Koran gezegd:

En de getuigen moeten niet weigeren wanneer zij worden opgeroepen. [2:281]

Dit geldt in het algemeen voor zowel mannen als vrouwen. Veel mensen over de hele wereld proberen te voorkomen dat zij een getuige worden en dat zij betrokken raken bij het aanbieden van hun getuigenis. Het is namelijk vereist om naar de rechtbank te gaan, plaats te nemen op de getuigenbank, een eed af te leggen, om de waarheid te spreken, kruisverhoor te ondergaan en vele andere lasten. Financiële en fysieke lasten of bedreigingen kunnen voortvloeien uit het getuigen en aanbieden van getuigenis. Islam is er op gericht om deze lasten te elimineren voor de vrouw, tenzij zij een partner heeft die getuigt zoals zij doet, in zaken die vele vormen van getuigenis betreffen.

Een enkele getuigenis is niet toegestaan als het gaat om financiële zaken, er moeten twee mannelijke of één man en twee vrouwen getuigen zijn om de financiële rechten van de eiser te bewijzen. We hebben nog nooit gehoord dat mannen deze eis als een belediging van het mannelijke intellect ervaren of in strijd met hun rechten. Dit bewijst dat deze eis voor de bescherming tegen valse beschuldigingen en fouten is.

Er is een aantal gevallen waarin de getuigenis van beide geslachten gelijk is aan elkaar. Bijvoorbeeld, de getuigenis van een vrouw is precies gelijk aan de getuigenis van haar echtgenoot, wanneer de man zijn vrouw beschuldigt van overspel en hij geen bewijs heeft om zijn beweringen te bewijzen. Allah (ﷻ) bepaalt in de Glorieuze Qur'an:

En degenen die hun echtgenotes valselijk beschuldigen en niet over getuigen beschikken, behalve (over) zichzelf, de getuigenis van één van hen is dat hij vier getuigenissen bij Allah (d.w.z. in de Naam van Allah) aflegt dat hij waarlijk zeker tot de waarachtigen behoort. En de vijfde (getuigenis) is dat de Vloek van Allah op hem rust als hij tot de leugenaars behoort. En de bestraffing wordt van haar (d.w.z. van de beschuldigde vrouw) afgeweerd, als zij vier getuigenissen bij Allah (d.w.z. in de Naam van Allah) aflegt dat hij (d.w.z. haar echtgenoot) waarlijk zeker tot de leugenaars behoort. En de vijfde (getuigenis) is dat de Woede van Allah op haar rust als hij tot waarachtigen behoort. [24:6-9]

Reizen zonder een mannelijke voogd

De Profeet (ﷺ) zei:

"Een vrouw mag niet alleen reizen zonder mahram. Niemand mag het huis van een vrouw binnen komen, tenzij er een mahram bij haar is."

Een man stond op en vroeg Allah's Profeet (ﷺ): "O Boodschapper van Allah! Mijn vrouw gaat op Hadj (bedevaart), terwijl ik wil deelnemen aan een gevecht, wat moet ik doen?"

De Profeet van Allah (ﷺ) zei: "Ga samen met haar."

[*Bukhari* #1763]

Voor de bescherming van haar en de eer van de vrouwen, verbiedt de Islamitische regel elke vrouw, of ze jong of oud is, alleenstaand of getrouwd, om alleen te reizen zonder *mahram* als een reisgenoot. Deze man moet van degenen zijn die permanent verboden zijn voor haar om mee te trouwen vanwege hun nauwe bloedverwantschap, zoals een vader, een broer, een oom, een oudere neef nadat hij de puberteit heeft bereikt of haar man, enz.

Sommige mensen zullen misschien zeggen dat deze regeling de vrijheid van de vrouw beperkt en haar fundamentele recht op beweging. Het doel van deze regel is niet om haar te verhinderen te reizen, maar om haar te bevrijden van kwaad, molesteren en het behouden van haar recht op waardigheid. Reizen kan vele ontberingen en gevaren met zich mee brengen.

Een vrouw is fysiek zwakker dan een man en bovendien kunnen de omstandigheden van zwangerschap, menstruatie, verpleging en kinderopvang er voor zorgen dat zij meer behoefte hebben aan hulp en service. Vrouwen zijn over het algemeen emotioneler en meer beïnvloedbaar; zij zijn meer vatbaar voor gewetenloze en karakterloze mannen die op zoek zijn naar slachtoffers.

De Profeet van Allah (ﷺ) drukte welbespraakt uit toen hij tegen een man sprak die reisliedjes aan het zingen was met een mooie mannelijke stem om te helpen tegen de constante beweging van de rij en pakdieren volgens gebruiken van de reizigers:

"Ga voorzichtig, O Anjashah, je dringt je op aan het delicate glaswerk." [Bukhari #5857]

De zinsnede "delicate glaswerk" beschrijft de natuurlijke breekbaarheid en de zachtheid van de vrouw, zij waren de ruiters in de karavaan en gemakkelijk gebroken of verstoord. Er zijn, zoals we allemaal weten, slecht gezinde, kwaad en gewelddadige mannen die op de loer liggen en gebruik proberen te maken van gevoelige, goedgelovige of alleen reizende vrouwen. Zulke goddeloze mannen zijn uiteraard geïnteresseerd in diefstal, bedrog, verleiding of verkrachting.

Daarom is het belangrijk dat een vrouw iemand heeft die om haar denkt, haar beschermt en haar behoeften vervult tijdens de reis maar ook de benodigde veiligheid, service en aandacht biedt tijdens moeilijkheden die zich kunnen voordoen en om vreemden en/of kwaadwillende personen af te weren. De *"mahram"* van een vrouw in de Islam beschermt en dient met de grootste oprechtheid omdat het een natuurlijke verbintenis is die op hem rust en beloond wordt door Allah.

We zien dat in veel samenlevingen vergelijkbare regels zijn over het begeleiden van vrouwen tijdens het reizen. Zij staan het vaak toe dat iemand anders dan de 'mahram' haar escorteert tijdens het reizen omdat zij geen onderscheid maken tussen een mahram en een niet-mahram in hun cultuur. Wat leidt tot verschrikkelijke verhalen. Daarom, is vanwege deze redenen, het verboden dat een vrouw alleen reist en is het verplicht gesteld om een mannelijke escort te hebben die haar "mahram" moet zijn, en is dus op geen enkele manier een vernederende beperking of belediging van haar capaciteiten.

Het is in feite een eer dat zij wordt gediend, beschermt en gezelschap krijgt van een mannelijke escort die haar voorkeur voor moet laten gaan boven zijn persoonlijke zaken en behoeften.

Het recht van vrouwen op werken

Zoals hierboven vermeld: Allah schiep alle mensen uit één man en vrouw, en plaatste natuurlijke liefde en genegenheid voor elkaar, opdat zij zullen samenwerken om gezinnen te krijgen en om de relaties binnen de gezinnen op te bouwen. We zien in de natuur dat Allah het mannetje een soort van superieure kracht en uithoudingsvermogen schonk zodat hij kan domineren in bepaalde sferen en voorzieningen en bescherming kan zoeken.

Terwijl het vrouwtje van elke soort is uitgerust om te reproduceren en vermenigvuldigen om de continuïteit van die soort in stand te houden. Alleen het vrouwtje is uigerust met de benodigde kwaliteiten om te dragen, bevallen, voeden en zorgen voor de jongeren. De vrouw heeft de eigenschappen liefde, vriendelijkheid, medeleven, zorg en genegenheid gekregen om haar plichten die zij heeft naar haar kinderen toe met waardigheid te volbrengen. Op basis van deze natuurlijke aanleg en de delegatie van verantwoordelijkheden en op basis van de unieke kwaliteiten van de man en de vrouw, is het slechts natuurlijk voor de man om buitenshuis te werken en geld te verdienen voor het levensonderhoud van het gezin en voor de vrouw om binnenshuis te werken en te zorgen voor de kinderen en het gezin in het algemeen.

Gezien dit fundamentele feit, ontneemt de Islamitische wet niet het recht van de vrouw om werken binnen de grenzen die haar eer en waardigheid beschermen. Islam staat de vrouw toe om zakelijke contracten en financiële transacties persoonlijk uit te voeren. Deze overeenkomsten en transacties zijn juist en geldig in de ogen van de Islamitische jurisprudentie. Er zijn bepaalde voorwaarden aan gesteld, indien die geschonden worden, zal de toestemming die gegeven is aan de vrouw om dit recht uit te oefenen bestraft worden met het nietigheid van haar handelingen en zij kan tegengehouden worden in het uitvoeren van haar recht.

Het werk dat de vrouw bezighoudt buitenshuis mag niet ten koste gaan van haar taken en verantwoordelijkheden naar haar man en kinderen. Het werk dat zij gaat verrichten moet samen zijn met andere vrouwen en vrij zijn van mengen van de seksen. Zodat zij geen fysiek contact heeft met mannen en wordt blootgesteld aan hinder en misbruik.

Zoals de Boodschapper van Allah zei:

"Als een man afgezonderd is met een vrouw, dan is de Satan de derde partij met hen.."

[*Tirmidhi #1171 en geverifieerd*]

En in een andere hadith,

Een man zei: *"O Boodschapper van Allah mijn vrouw is op weg om op de Hadj (bedevaart) te gaan doen en ik ben opgeroepen om mee te gaan op een militaire veldtocht."*

Hij zei: *"Ga en doe de Hadj samen met je vrouw."*

[Bukhari #4935 & Muslim #1341]

Lady Cook, een welbekende Engelse schrijver zegt in New Echo:

"Mannen vinden het prettig (en hun voorkeur gaat er naar uit) in een gemengde omgeving. Zo worden vrouwen gelokt naar iets wat tegen hun natuur in gaat. Hoe groter de omgeving gemengd is, hoe meer buitenechtelijke kinderen de samenleving zal hebben. Dat is een grote ramp......"

Het werk dat de vrouw gaat uitvoeren buitenshuis moet, in de eerste plaats, rechtmatig werk zijn of een baan zijn die past bij de aard en de lichaamsbouw van een vrouw. Ze moet niet, als voorbeeld, verplicht worden tot het doen van het zware industriële werk en andere banen waarvoor mannen meer geschikt voor zijn.

De vraag die hier gesteld moet worden is; Op de eerste plaats, waarom zou een vrouw moeten werken? Werkt een vrouw omdat zij haar eigen levensonderhoud aan het verdienen is? De islam heeft haar vrijgesteld van deze plicht door de verplichting, zoals eerder vermeld, neer te leggen bij de mannelijke familieleden van de familie. Zij zijn verantwoordelijk voor de financiële behoeften en verplichtingen. Dus vanaf haar geboorte tot aan haar dood, in de verschillende stadia in haar hele leven, is ze niet verplicht om te werken maar om zoveel mogelijk waardigheid en concentratie te geven aan haar allergrootste missie en de plicht van het verzorgen van de woning en het opvoeden van de kinderen. Deze eervolle missie vergt grote offers en toewijding en heeft de hoogste status.

De bekende Engelse geleerde **Samuel Smiles**, een van de pijlers van de Engelse renaissance zegt:

"Het systeem dat het nodig vindt om vrouwen in fabrieken en industriële gebieden te laten werken, ongeacht de nationale rijkdom die er mee gemoeid is, heeft het gezin vernietigd. Het heeft in feite de basisstructuur en de fundamenten van het huis aangevallen en de belangrijkste pijlers van het gezin vernietigd. Het heeft ook de sociale banden verbroken en vernietigd. Het isoleren van de vrouw van haar man en het ontnemen van de rechten van de kinderen op gepaste, tedere en moederlijke zorg heeft geresulteerd in lagere morele waarden voor de vrouwen. Het echte werk en beroep van een vrouw is het stichten van een goed, gezond en moreel gezin. Zij is vooral nodig om te zorgen voor de huishoudelijke taken, financiën rond het huishouden en andere behoeften van het gezin. Werken in fabrieken heeft de vrouw ontdaan, zoals we al eerder opmerkten, van al deze verantwoordelijkheden die het uiterlijk en de realiteit van het innerlijke huis veranderen. Ook de kinderen worden vaak verwaarloosd en groeien vaak op zonder gezonde normen. De liefde en genegenheid tussen man en vrouw zijn enigszins gedoofd. De vrouw was niet langer het gezochte, gewilde, bewonderd en bemind door de man, nadat hij er gewend aan is geraakt haar elke dag naast hem te zien, hetzelfde te doen wat hij doet. De vrouw

kwam onder vele invloeden en druk te staan die haar mentaliteit en denkpatroon en morele waarden en deugden heeft veranderd."

In feite, pleitte de first lady van Zuid-Afrika voor de terugkeer van de vrouw naar het huis, toen zij zei:

"De meest natuurlijke plaats voor een vrouw is haar eigen huis. De hoofdtaak en verantwoordelijkheid voor een vrouw moet de zorg voor haar man zijn en in de behoefte van haar kinderen voorzien."

Ook zei ze in een toespraak tijdens een vrouwenconferentie in de hoofdstad van Zuid-Afrika:

"De hoofdtaak en verantwoordelijkheid van een vrouw moet zijn de zorg voor haar man en het in de behoefte van haar kinderen voorzien... Dit is onze plicht in de samenleving. Het is een plicht waar we trots op moeten zijn aangezien we succesvolle mensen en een gezonde generatie willen opvoeden."

Over Hijab bedekking van het hoofd (en gezicht)

Deze kwestie heeft voor sensatie gezorgd in de media, vooral in sommige seculiere landen zoals Frankrijk en Turkije. Zij willen dat het verboden wordt om de Islamitische hoofddoek of gezichtssluier in openbare plaatsen te dragen. We zullen niet ingaan op alle details rond deze kwestie, maar gezien de bovenstaande informatie wel wat extra informatie hieronder geven. We laten het aan de lezers over om zelf te beoordelen of de bescheiden kleding en bedekking van de schoonheid en versieringen van vrouwen, gemandateerd uit Islamitische geschriften, alleen bedoeld is voor haar eigen eer en bescherming, of niet.

Allah zegt:

O Profeet (Mohammed), zeg tegen jou echtgenotes en jouw dochters en de echtgenotes van de gelovigen dat zij hun djilbabs over zich heen dienen te laten hangen. Dat is beter, zodat zij herkend zullen worden en niet lastig worden gevallen. En Allah is Meest Vergevingsgezind, Meest Genadevol. [33:59]

Dit vers stelt duidelijk dat de reden waarom het verplicht is voor vrouwen om zich te bedekken is om onderscheid te maken en haar te kunne identificeren als een respectabele moslim vrouw en om de vervelende blikken van mannen te voorkomen. Zoals we allemaal weten, zorgt provocerende kleding er voor dat sommige mannen toenadering zoeken en vrouwen blootstellen aan molestatie. Dit kan worden gestimuleerd en aan de man worden gebracht in sommige samenlevingen, maar niet onder de respectabele gelovige moslims.

Alle mogelijke maatregelen zouden moeten genomen worden om vrouwen te beschermen tegen overmatige verleiding, wat is uitgewerkt in de Islamitische jurisprudentie. Sommige maatregelen zijn gerelateerd aan de vrouwen kleding zoals los zittende kledij, hoofdbedekking en volgens sommige authentieke interpretaties van de geschriften van de Koran en de Soennah, ook de gezichtssluier.

Allah heeft ook gezegd:

> **En zeg tegen de gelovige vrouwen dat zij hun blikken moeten neerslaan en over hun geslachtsdelen (d.w.z. over hun kuisheid) moeten waken, en (dat zij) hun schoonheid niet (moeten) onthullen, behalve datgene wat daar zichtbaar van is. En (laat) hen hun (hoofd)sluiers (d.w.z. hun hidjabs) over hun kraagopening (d.w.z. over hun hals en borst) heen slaan en niets van hun schoonheid onthullen, behalve aan hun echtgenoten, of hun vaders, of de vaders van hun echtgenoten, of hun zonen, of de zonen van hun echtgenoten, of hun broers, of de zonen van hun broers, of de zonen van hun zussen, of hun vrouwen (d.w.z. hun moslimzusters), of wat hun rechterhand bezit (d.w.z. de slavinnen), of (hun) volgers (d.w.z. degenen die hun achterna komen voor eten) onder de mannen die geen geslachtsdrang hebben, of de kinderen die geen oog hebben voor de intieme delen van vrouwen. En laat hen niet met hun voeten stampen, zodat datgene wat zij aan schoonheden verhullen, niet prijs zal worden gegeven. En toon allen berouw aan Allah, o gelovigen, opdat jullie succesvol zullen zijn.** [24:31]

Deze vers geeft aan welke mannen gecategoriseerd zijn als 'mahram', zoals hierboven vermeld. Dit geeft aan dat mannen en vrouwen hun blikken moeten neerslaan uit bescheidenheid, wat de beste zelfbescherming is tegen natuurlijke verleidingen en wederzijdse aantrekkingskracht die kan plaats vinden tussen de twee seksen.

En Allah zei, gezien de provocerende wijze waarop de vrouwen van de pre-Islamitische tijd rond liepen, en de gelovigen oproepend om zich gepast te gedragen en berouw te tonen: :

> **En verblijf in jullie huizen en toon jullie schoonheid niet zoals in de eerdere (dagen van) onwetendheid (werd gedaan). En onderhoud het gebed en draag de Zakaat (de armenbelasting) af, en gehoorzaam Allah en zijn Boodschapper. Allah wil slechts de onreinheden van jullie wegnemen, o bewoners van het huis, en (Hij wil) jullie grondig reinigen. En gedenk (de gunst van datgene) wat voorgedragen wordt in jullie huizen van de Verzen van Allah en (van) de Wijsheid. Voorwaar, Allah is Meest Zachtaardig, Alwetend (over het verborgene). Voorwaar, de moslimmannen en de moslimvrouwen, en de gelovige mannen en de gelovige vrouwen, en de gehoorzame mannen en gehoorzame vrouwen, en de waarachtige mannen en de waarachtige vrouwen, en de geduldige mannen en de geduldige vrouwen, en de nederige mannen en de nederige vrouwen, en de mannen die liefdadigheid schenken, en de vastende mannen en de vastende vrouwen, en de mannen die over hun geslachtsdelen (d.w.z. over hun kuisheid) waken en de vrouwen die (hierover) waken, en de mannen die Allah veelvuldig en de vrouwen die (Allah veelvuldig) gedenken; Allah heeft vergiffenis en een grandioze Beloning voor hen gereedgemaakt. En het schikt een gelovige man en een gelovige vrouw niet, wanneer Allah en Zijn boodschapper een besluit over een zaak hebben genomen, om een (andere) keuze te maken in hun zaak. En wie Allah en Zijn Boodschapper ongehoorzaam is, is zeker duidelijk afgedwaald.** [33:33-36]

We zien dat Islamitische voorschriften, alhoewel vergelijkbaar met veel andere culturen waar bescheiden kleding en gedrag ook gebruikelijk is, uniek zijn wat betreft de hoogste normen van de Islamitische identiteit van kuisheid, gerechtigheid en morele oprechtheid. Islam beschermt en bewaakt de individuen in de maatschappij tegen ongemakkelijke situaties door onnodige vermenging te voorkomen tussen huwbare mannen en vrouwen die leiden tot natuurlijke verleidingen. De Boodschapper van Allah zei in een authentieke Hadith:

"Voorwaar voor elke religie is er een karakteristiek, en het kenmerk van de Islam is Haya's (bescheidenheid, verlegenheid, bedeesdheid)."

[*Ibn Maajah* #4172 en geverifieerd]

Conclusie

Islam is de eeuwige goddelijke boodschap van Allah, de Almachtige en Verhevene, gericht tot de gehele mensheid, overgeleverd door de Profeet en Boodschapper van Allah. Sommigen hebben geloofd in de boodschap van de Islam en volgden het, terwijl anderen er niet in geloofden of weigerden te volgen. Allah verklaarde dat de mens meer gewaardeerd en geëerd worden dan de andere schepsels van Allah, zoals hij verklaarde in de Glorieuze Qur'an:

> **En voorzeker, Wij hebben de kinderen van Adam geëerd en Wij hebben hen op het land en de zee gedragen. En Wij voorzagen hen van de goede zaken. En Wij hebben hen ver boven velen (anderen) onder degenen die Wij hebben geschapen verkozen.** [17:70]

Allah verklaarde nog een belangrijk principe: Alle mensen zijn in termen van oorspronkelijke schepping gelijk. Hij verklaarde in de Glorieuze Qur'an:

> **O mens, vrees jullie Heer Die jullie heeft geschapen uit één ziel (d.w.z. uit Adam), en daaruit heeft Hij zijn echtgenote (Eva) geschapen. En uit hen beiden heeft Hij vele mannen en vrouwen geschapen. En vrees Allah aan Wie jullie (je wederzijdse rechten) vragen en (verbreek niet de relaties van) de baarmoeders (d.w.z. de bloedverwantschap). Waarlijk, Allah ziet voortdurend op jullie toe.** [4:1]

Gebaseerde op de voorgaande principes, zijn alle mannen en vrouwen gelijk in termen van mensheid en de fundamentele waarden, plichten en verantwoordelijkheden. Alle mannen en vrouwen zijn in de ogen van Allah gelijk geschapen. De verschillen in ras, taal, levensonderhoud en geografie etc. hebben hier geen invloed op. De onderscheiding tussen hen is gebaseerd op hun God-bewustzijn, inzet voor de Islam, de geopenbaarde religie van Allah, en het niveau van praktiseren en toepassen van de principes in hun dagelijkse leven. Allah verklaarde dit in de Glorieuze Koran toen Hij zei:

> **《O Mensen! We hebben jullie geschapen van een man en een vrouw, en hebben jullie tot naties en stammen gemaakt, opdat jullie elkaar zullen kennen. Voorwaar, de meest geëerde van jullie bij Allah is degene die meest vroom en rechtschapen is. Voorwaar, Allah is Alwetend, Alleskennend.》** [49:13]

Daarom is de ware eer van een persoon in de ogen van Allah niet op basis van kleur, sociale status, geslacht, ras, kracht, gezondheid of waardigheid van rijkdom. De enige maatstaf van onderscheid in de ogen van Allah is strikt op basis van vroomheid, geloof en het doen van goede daden.

De Profeet van Allah heeft ook gezegd:

> *"O mensen, jullie Heer is één en jullie vader is één. Er is geen superioriteit tussen een Arabier en een niet-Arabier of tussen een niet-Arabier en een Arabier, noch van een*

rode persoon boven een zwarte persoon of een zwarte persoon boven een rode persoon behalve door vroomheid."

[Ahmad #23536 en geverifieerd]

De leer van de Islam verwijdert alle onnatuurlijke verschillen tussen de mens en plaatst hen allemaal op gelijke voet. Eén van de essentiële leerstellingen van de Islam, vaak verkeerd begrepen, misbruikt of slecht uitgelegd, is dat **"een vrouw gelijk is aan een man in alles behalve waar sprake is van duidelijke realiteit en uitzondering."** De gelijkheden en uitzonderingen waren het onderwerp van dit boek met het idee om een poging te doen om een aantal misvattingen over de werkelijkheid van vrouwen in de Islam weg te nemen.

Allah zegt in de Glorieuze Qur'an:

❨**En de gelovige mannen en de gelovige vrouwen zijn elkaars helpers, Zij bevelen het goede, verbieden het slechte; onderhouden het gebed, dragen de Zakaat af en gehoorzamen Allah en Zij Boodschapper. Allah Zij zijn degenen die door Allah begenadigd worden. Voorwaar, Allah is Almachtig, Alwijs**❩ [9:71]

Allah zegt in de Glorieuze Qur'an:

❨**Dus gaf hun Heer gehoor aan hen, 'Nooit laat Ik het werk van iemand van jullie verloren gaan, of het nu een man of vrouw betreft. Jullie komen uit elkaar voort......**❩ [3:195]

Allah zegt in de Glorieuze Qur'an:

❨**De mannen komt een deel toe van wat de ouders en de verwanten nalaten. En de vrouwen komt een deel toe van wat de ouders en de verwanten nalaten, ongeacht of het weinig of veel is. Het is een vastgesteld deel.** ❩ [4:7]

Op basis van wat er gezegd is en uitgewerkt is in dit boek, kan men zonder zorgen en met vertrouwen zeggen dat een vrouw niet kan genieten van haar natuurlijke eer en alle rechten en vrijheden, behalve onder de bescherming van de goddelijke en rechtvaardige wetten van de Islam. Islam noemt bepaalde taken en verplichtingen die hand in hand gaan met die rechten. De Islam is een goddelijke religie geopenbaard door de Barmhartige en Alwetende, in tegen stelling tot de door de mens gemaakte wetten die kunstmatige grenzen, privileges en monopolies dicteren. De Islam is eeuwig en universeel, voor de gehele mensheid, mannen en vrouwen, rijk en arm, de heerser en geregeerde, sterk en zwak, wit, zwart rood of geel. Zij zijn allemaal gelijk in de ogen van hun Schepper, Allah, die weet wat het beste is en wat de voordelen zijn zowel in deze wereld als in het hiernamaals.

Ik vraag de lezer dringend om geen overhaast oordeel over de Islam te geven aan de hand van wat er wordt waargenomen in het gedrag en de houding van sommige groepen moslims die, helaas, de Islam gebruiken als dekmantel voor hun persoonlijk of groepsmisdaden.

Er zijn veel mensen die moslim zijn geworden door het uitspreken van deze woorden; "Er is geen God waardig aanbeden te worden behalve Allah, en Mohammed is een slaaf en

Boodschapper van Allah" maar, helaas, niet in het uitvoeren van hun Islamitische taken of door het tonen van oprechte betrokkenheid tot de Islam of door goed zedelijk gedrag.

Islam is een complete, pure religie en eenvoudig toe te passen in alle verschillende omstandigheden. Veel moslims streven hun hele leven lang om goed en oprecht te zijn, zij wensen de tevredenheid van Allah in alles wat zij doen of niet doen.

Aan de andere kant zijn er mensen die het verdienen om gestraft te worden in deze wereld en in het hiernamaals voor de misdaden die zij hebben gepleegd. Deze misdaden kunnen zo afschuwelijk zijn dat zij van het niveau van ongeloof en afvalligheid van de Islam zijn. Of ze kunnen van een mindere mate van ongehoorzaamheid en nalatigheid zijn van de wijze bevelen en heilzame leer van Allah en zijn Profeet.

Het gebeurt vaak dat als iemand iets mist bij zichzelf, ongeacht of het rijkdom of moraal is, hij ook niet wil dat een ander dat heeft. Voor degene die graag meer willen leren over de Islam, ons advies is dat zij kennis zoeken bij degenen die bekend staan om hun kennis, inzicht en praktiseren van de Islam in hun eigen leven. Niet-praktiserende moslims kunnen hen zeker misleiden.

Oppervlakkige kennis van de Islam is gevaarlijk, schadelijk en nadelig. Door slechts een paar boeken te lezen over de Islam, zeer waarschijnlijk met onbetrouwbare bronnen, maakt een persoon zich niet geschikt om een oordeel te vormen en gedegen kennis te verspreiden over de Islam. Adviezen blindelings volgens kan ook zeer gevaarlijk en schadelijk zijn. Het is verplicht om gedegen kennis over de Islam te zoeken en je niet te laten misleiden door degenen die valse aanbidding en praktische gebruiken verspreiden. Allah verklaarde in de Glorieuze Qur'an:

《**There is no compulsion in religion. Verily, the Right Path has become distinct from the wrong path. Whoever disbelieves in the '*Taghoot*'** (what is worshipped other than Allah and pleased with the false worship) **and believes in Allah, has grasped the trustworthy handhold that will never break; Allah is the All-Hearer, All-Knower.**》
[2:256]

Alle lof is aan Allah, de Heer der Werelden

En moge Allah het noemen van zijn Profeet en zijn huishouden vermeerderen en hem bescherming geven tegen elk denigrerend iets

www.ingramcontent.com/pod-product-compliance
Lightning Source LLC
Chambersburg PA
CBHW070335120526
44590CB00017B/2893